山·中·半·月·記

오호츠크해의 바람

山 · 中 · 半 · 月 · 記

오호츠크해의 바람

초판 1쇄 인쇄 2013년 12월 28일
초판 1쇄 발행 2013년 12월 31일

지은이 춘계 류시욱
옮긴이 방일권
펴낸이 윤관백
펴낸곳 도서출판 선인

등 록 제5-77호(1998. 11. 4)
주 소 서울특별시 마포구 마포대로 4다길 4
전 화 02-718-6252
팩 스 02-718-6253
E-mail sunin72@chol.com

정 가 16,000원

ISBN 978-89-5933-681-4 94900
       978-89-5933-473-5 (세트)

■ 저자와의 협의에 의해 인지 생략.
■ 잘못된 책은 교환해 드립니다.

오호츠크해의 바람

춘계 류시욱 저
방일권 옮김

강제동원 & 평화총서 6
담장(談場) 제4권

선인
도서출판

Contents

<책 머리에>

산속에서 쓴 보름간의 일기 山中 半月記

이 책은 우리에게서 완전히 잊혔던 한 남자가 남긴 기록이다. 역사 연구를 업으로 삼은 내가 운명처럼 만난 사료, 식민지 시대를 전후한 시기에 조선과 사할린에서 살았던 한 사람의 육성이다. 수많은 이들이 여러 사건들이 얽히고설키는 역사 속에 등장했다가 사라져갔다. 그중에 역사가 된 이름은 많지 않다. 당대에 부귀공명을 누린 이들도 역사책의 한 귀퉁이에 자리를 잡기가 쉽지 않다. 이 글의 주인공은 그런 반열에 드는 사람이 아니다.

2006년, 강제동원 피해조사 업무를 막 맡았을 때다. 당장의 급선무로 사할린 지역 피해의 명확한 판단 기준을 마련하라는 과제가 떨어졌다. 하지만 무서운 게 세월이다. 긴 시간이 흐른 뒤라 자료는 인멸되었고 생존자들을 만나는 경우에도 기억의 색이 완전히 바랜 경우가 많았다.

공적인 기록이 발견되는 경우도 간혹 있었다. 하지만 그런 기록으로는 일제의 억압 이후 소련 체제 속에 갇혔던 이들의 행위와 사유의 궤적을 뒤따라 갈 수가 없었다. 강제동원은 끌려가 고생한 것이 다가 아니다.

당사자를 중심으로 했던 수많은 관계망의 매듭마다 얽힌 인생들에 남겨진 후유증이 보통 훨씬 더 긴 그림자를 남긴다. 특히 냉전과 분단체제의 음울한 분위기에서 언급 자체가 일종의 금기였던 사할린 한인들은 더욱 그랬다.

사할린으로 동원되었다고 신고된 수많은 이들의 고통에 가슴만 아파할 뿐 객관적인 피해판정의 근거를 찾지 못해 고민이 깊어갈 그 시점이었다. 그의 노트가 내 앞에 나타난 그 기적의 순간을 나는 지금도 기억한다. 정성들여 작성된 고운 필체. 펜에 잉크를 찍어 또박또박 적어 내려간 143쪽짜리 보름 치 일기였다. 단아한 필체로 미루어 글쓴이는 침착한 성격을 가진 사람으로 보인다. 한시와 자작시까지 자주 등장하는 것을 보면 글쓴이는 상당한 교육을 받은 사람이 틀림없었다. 보름 동안 잠시간의 짬을 이용하여 단숨에 써내려갔을 터인데도 지우거나 고친 흔적이 거의 없었다. 자기의 기억과 주장을 정연하게 표현할 줄 아는 명석한 두뇌의 소유자가 분명했다. 그렇게 류춘계 선생은 내 앞에 홀연히 나타났다.

부귀영화나 명성은 그의 삶과 거리가 멀었다. 출생과 어린 시절까지만 해도 순탄한 일생을 보낼 수 있는 가능성이 있었다. 이름만 들어도 유서 깊음이 느껴지는 고실촌(古室村)에 자리하던 서애 류성룡 선생 집안에서 13대 주손으로 그는 태어났다. 4대를 독자로 이어 온 가문의 장남으로 태어나 더없는 기쁨이 된 그에게 어머니가 붙여주신 첫 이름(아명)은 '성화'였다. '시욱'이라는 이름을 준 부친으로부터 한학을 배우고 소학교에 간 그는 총명하고 문학적 재질도 드러내며 어른들의 기대를 받았다. 스무 살도 되지 않아 청진과 서울을 다니며 제법 번듯한 기업의 촉망받는 일군으로 뻗어나갔으며, 서울에서는 문인협회에 등록하여 '춘계'라는 필명으로 정식 데뷔해 문필가의 삶도 기대했던 그였다.

하지만 그것으로 평탄한 인생은 끝이 났다. 그와 같은 1920년대 생들에게 공통으로 일제강점기와 짧은 해방의 기쁨에 뒤이은 남북 분단과 6.25동란, 그리고 체제 경쟁 속에 전개된 장기적 총동원 체제를 관통해야 하는 가혹한 운명이 기다리고 있었다. 류시욱은 1940년에 독립운동과 민족사상 계몽활동에 가담했고 1년여 후 일경에 체포되어 서대문형무소와 사상범 교화보호소에서 산업보국대원으로 갈 것을 강요받아 당시 20여 명과 함께 사할린으로 끌려가게 되었던 것이다. 세월은 흘러가고 과거의 꿈은 사나운 폭풍에 갈가리 찢겨 쓸쓸한 유폐의 암흑 속에 그의 시절은 무상히 지나갔다. 희망도 기대도 없이 그는 인생의 반 이상을 이국 땅의 노동자로 살다가 1962년에 노동 현장에서 눈을 감았다.

고국을 떠나 공산 세계의 한 변경에서 천수를 다하지 못하고 자손들이 지켜보는 가운데 인생의 마지막을 맞이하지도 못한 류시욱은 그렇게 잊혔다. 더불어 결코 평범하지 않았던 시인이자 수필가, 희곡 작가이며 기자였고, 한글 교육자이자 학자였던 한 조선인의 행적도 망각 속으로 들어갈 뻔했다.

찬 가을 빗방울과 오호츠크해의 바람을 맞으며 〈산중반월기〉에 남겨 둔 바람은 아련한 추억으로 우리를 초청하는 고독의 아우성이 아니다. 저자가 1957년 9월의 보름을 보낸 사할린 크라스노고르스크의 산속은 외부와 100리 단절된 곳이었다. 허술한 풍막은 고향과 수천 리 떨어진 사할린 섬에서 무국적자로 살아가고 있는 자신의 갇힌 삶과 닮아 있었다. 목적 없는 삶 속에서 부유하는 매일매일의 끝없는 외로움 때문에 그는 일기를 들고 기억의 파편을 이었으리라.

일제의 강압과 이데올로기의 장벽으로 생이별하게 된 가족과의 이른바 내적 대화의 공간이었던 일기장을 펼칠 때마다 타오르는 심장의 불길 너머로 고향의 길, 조선의 길이 뻗어 나왔으리라. 사랑했던 여러 인물들의 인생도 되살아 나왔다. 느티나무를 지나 '한오리 신작로'를 함께 걸었던 영식이, 금순이, 치수 영감님의 이야기에서 '해방된 미래의 자식들'인 우리는 슬픈 비감으로 식민지 조선 백성의 핍절한 현실과 맞닥트리게 되고, 불사춘과 주복산 등에게서 저항의 현장에서 붉은 피를 쏟은 사람들에 대한 기억의 의무를 되새기게 되며, 저자의 가족들에 대한 이야기를 통해 평범했던 우리와 이웃 집안들의 생생히 살아난 지난 세월과 대면하게 된다.

어느 날인가 사랑하는 사람들이 자신의 일기를 읽을 것이라는 희망이 그에게서 떠나지 않았을 것이다. 그래서 그는 사할린으로 끌려가 소련 체제에 갇혀버린 평범한 조선인들이 수없이 우물거렸을 속생각을 가감 없이 털어놓았다. 그리하여 일기는 개인적 회고를 넘어 자신이 동원된 시기를 전후한 시대와 인물들에 대해 예리하고도 풍성한 정보를 제공하는 가치 있는 사료가 되었다.

<산중반월기>는 2006년에도 사할린 강제동원의 일면과 그 비극적 파장을 보여주는 증거 자료로 판단되어 정부가 발행한 첫 사할린 강제동원 관련 구술집『검은 대륙으로 끌려간 조선인들』속에 영인하여 출판된 바 있었다. 하지만 <산중반월기>에 대한 반응은 거의 없었다. 출판물이 정부 간행물이어서 배포의 문제도 있었겠지만 한자가 거의 절반에 육박하고 광복 이전의 옛 어투인 필사본 기록은 오늘날과 많은 차이가 있어 잘 읽히지 않는다는 문제가 있었다. 어린 시절부터 기록 당시의 사할린 현장을 아우르며 개인적 삶을 회고하는 형식인지라 언급되는 많은 사건과 시대 배경에 대한 이해가 없이는 내용을 따라가기가 쉽지 않다.

그렇다고 그냥 잊히도록 둘 수는 없었다. 1920년대 조선에서 태어난 생명들 중에 인간적 행복을 누린 이들이 과연 몇이나 되겠는가. 가차없는 운명의 폭풍 속에 스러진 사람들의 눈물에 대한 기록은 너무도 적다. 그래서 저자인 류시욱 자신이 사할린 한인들의 대표로서 잊어서는 안될 사람이라고 여겨졌다.

개인 회고인 <산중반월기>를 한자를 거의 다 빼고, 일부 옛말투도 오늘날의 표현으로 풀면서 원자료의 여러 곳에 박혀 있던 표기 실수나 오자들도 바로 잡았다. 이는 원저자가 노동하는 틈틈이 아무런 자료의 도움도 없이 오롯이 자신의 기억에만 의존하여 써내려간 탓으로 판단된다. 글에 자주 나오는 한시 인용 구절이나 일본어, 러시아어 표현 등은 해석을 넣었고, 당시를 이해하는 데 필요하다 싶은 부분에서는 각주로 배경설명을 덧붙였다. 현장에 대한 이해를 위해 고향 마을을 본 후 얻은 사진 몇 장도 넣었다.

이 글을 읽노라면 북한을 한국보다 비교 우위에 놓은 듯한 부분이나, 독자의 이데올로기적 시각에서 불편한 느낌을 느낄 수 있는 구절과 만날지 모르겠다. 그것은 저자가 한국 사정을 전혀 알 수 없는 환경 속에서 북한에 대한 소식과 소비에트 체제가 일방적으로 전하던 정보만 접한 채로 썼던 상황을 고려하면 이해할 수 있는 부분으로 여겨진다. 저자는 식자로서 소련 국적을 받지도 공산당에 가입하지도 않았다. 사회주의 이상에 끌린 적은 있으되 이념보다는 민족적 사상에 뿌리를 두고 조선 사람으로 꿋꿋이 서 있었음이 본문에서도 몇 번이나 확인된다는 점도 기억해야 하겠다.

글에 출현하는 인물들에 대한 이해도 필요했으나 각각의 인명에 대해 소개하는 일은 조심스러운 부분이 있었으므로 〈산중반월기〉를 제공한 류종하 선생님과 협의하여 그 수준을 정하였다. 저자가 이 땅에 남기신 유일한 아드님이신 선생께서는 우리 가족이 당한 비극은 "시대 문화가 그러했고 사상적 혼란기에 가문이 무너지는 것이야 어쩔 수 없는 결과였다" 하셨다. "사할린 동포들의 비극적인 삶의 표현과 나라 잃은 설움으로부터 남북 분단에 의한 민족의 애환에 대해 강조하신 부분이 당시의 사할린 실상을 아는 데 참고가 될 듯하고 거시적으로 사할린 문제 해결에 작은 도움이라도 될까 하여" 출간물의 간행에 동의해 주셨다. 이 자리를 빌려 귀중한 유고를 책으로 발간하는 데 동의해주시고 가슴 아픈 세세한 내용까지 꺼내 놓으시는 등 도움을 아끼지 않으신 류종하 선생께 무한 감사를 드린다.

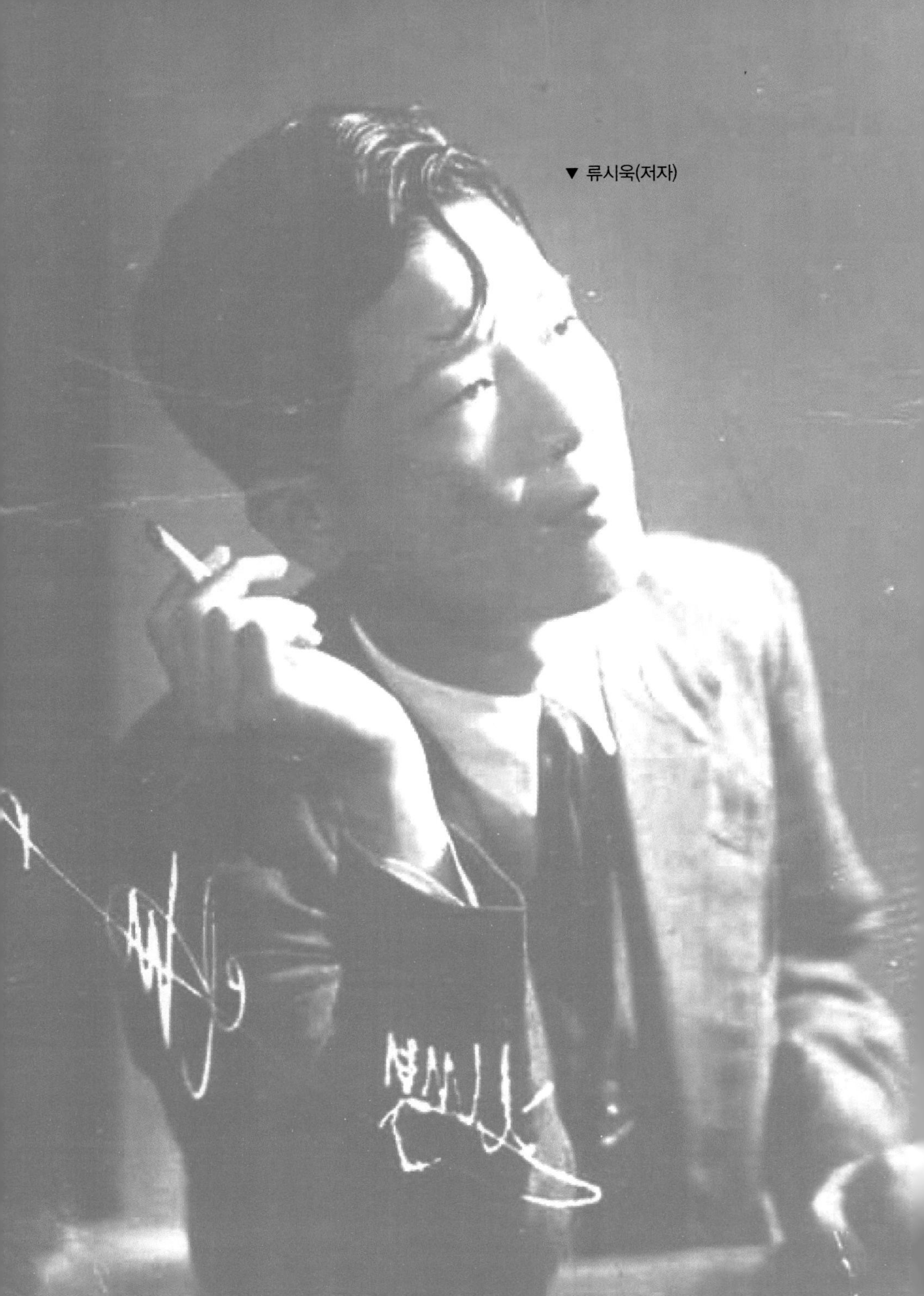

▼ 류시욱(저자)

자서(自序)

　자서自序: 자기가 엮거나 지은 책의 서문하고 이름을 붙이고 보니 부끄럽기도 할 뿐 아니라 사실 딱하기도 하다. 그러나 이 글이 서문을 쓸 만큼 가치가 있는 글이건 아니건 그것은 두 번째 문제이고 나는 서문이 없는 글은 전조등이 없는 자동차 같은 것이라는 생각이 나서 할 수 없이 붓을 든 것이다. 그렇다고 하여 이 서문이 이 글의 헤드라이트가 되리라고는 믿어지지 않으나 어찌 되었든 본문을 읽기 전에 읽을 필요가 있는 서문은 되리라!

　이 일기는 1957년 9월 1일부터 9월 15일까지 보름간 크라스노고르스크 임산 사업소 직속인 임동화林東樺 브리가다[1]가 새풀[2]치러 가는 곳에 밥을 해주는 사람食母으로 따라가 쓴 일기다.

　미리 말하여 두거니와 〈산중반월기山中 半月記〉라 명명한 이 일기는 누구를 보이기 위하여 쓴 것도 아니요 또 수필이 갖는 성격과 함께 내 자신의 심적 상태를 오래도록 기록하여 두기 위하여 쓴 것도 아니다. 그저 붓끝 가는 대로 마음 내키는 대로 쓴 글이기 때문에 일정한 계통도 물론 없으며 흐름도 순조롭지 못하다. 명제가 붙어있는 논문 같은 것이 아

---

1) 조(組), 팀, 작업반, 작업조, (군대의) 여단(旅團), 대(隊) 등을 의미하는 러시아어 бригада (브리가다).
2) 억새를 의미하는 방언.

니니 계통이 없을 뿐 아니라, 수필오체리크[3] 같은 것도 아니니 사건의 해설도 없고 수필이라고는 하여도 15일간이나 계속해 쓴 것이어서 감정의 흐름도 그날그날로 동강이가 난 글이 되고 말았다. 이것이 일기라는 것이 갖는 어쩔 수 없는 사정이라고 하지만 그러나 다 쓰고 보니 글에 윤택함이나 조리도 없으며 감정의 흐름도 조용할 때는 지나치게 조용하고 빠를 때는 미친 것처럼 빠른 느낌이 없지 않다. 그러므로 이 글 자체가 가진 생명은 '고향'이나 '동족애' 혹은 '애국정신'과 같은 고귀한 것으로서 나같이 배움이 얕은 사람은 거론할 수도 없을 정도의 너무도 큰 대상을 가지고 있으면서도 매끄러운 윤택도 잃었고 정연한 조리도 없으며 감정의 흐름이 되는대로 여서 글로서는 절대 성공한 편이 아니라는 것을 자백하는 바이다. 다시 말하자면 몸뚱이는 값있는 좋은 것이지만 옷도 떨어진 것을 입었으며 걸음걸이도 바르지 못한 그런 것이 되고 말았다는 것이다. 그러므로 혹 이 글을 읽는 기회를 갖는 사람은 그렇게 이해하여 주기 바란다.

또 〈산중반월기〉라 하여 단조로운 생활을 뒤풀이하는 새치기 풍막의 식모로서 단조로운 사무적인 기록을 하려는 것은 아니었으나 사실 처음에는 중노동을 견뎌 내지 못하는 내 자신이 식사 준비인 노릇을 하며 이렇게 혹은 저렇게 일어나기도 하고 변하기도 하는 환경들과 심적 변화를 기록해 볼까 하여 붓을 든 것인데 붓이 의외로 생명을 얻은 듯 살

---

3) 수필(隨筆)을 의미하는 러시아어.

아나 고삐 없는 말처럼 제 마음대로 달아나고 말았다.

하지만 여기에는 숨길 수 없는 내 마음이 그대로 나타나 있다. 이 마음의 표현 방식이 틀린 것은 내 자신이 가진 학식에 달린 것이니 할 수 없는 일이기는 하나 나는 절대 이 마음이 틀린 것이라고는 생각하지 않는다. 이것은 누구의 앞에서나 고개를 똑바로 들고 또렷하고 맑은 목소리로 말할 수 있으며, 내 자신이 정신병자가 되지 않는 한 앞으로 아무리 긴 시간이 흐른다고 하여도 이 마음이 고쳐지지는 않으리라고 단언할 수 있는 것이다. 그러므로 재삼 부탁하거니와 이 글을 읽는 기회를 가진 사람은 이 모든 점에 유의하여 주시기 바란다.

1957년 9월 16일
사할린 크라스노고르스크에서
류 춘 계(柳 春 溪) 씀

▼ 사할린 조선인학교 교사시절(개학을 맞으며 1947-48년경)

교사에서 식모로

9월 1일

오늘부터 미리 정해져 있었던 산속 생활이 본격적으로 시작되었다.

먹는 것이야말로 중대한 일이란 말은 누가 제일 먼저 시작한 말인지는

모르겠으나 한없이 즐기는 독서도 약동하는 지식욕도

생활 앞에서는 진정 무력한 것인 모양이다

교사에서 식모로
9월 1일

오늘부터 미리 정해져 있었던 산속 생활이 본격적으로 시작되었다. 먹는 것이야말로 중대한 일食而偉大이란 말은 누가 제일 먼저 시작한 말인지는 모르겠으나 한없이 즐기는 독서도 약동하는 지식욕도 생활 앞에서는 진정 무력한 것인 모양이다.

내가 교사 생활을 할 때에도 이날부터 본격적인 사업을 하였던 것이다.[4] 그러나 오늘이 다 같은 9월 1일임에는 틀림없으나, 2년 전에 내가 교원 생활을 할 때의 이날과 오늘의 이날과는 정말 하늘과 땅만큼의 엄청난 차이가 있는 것이다. 그때는 자격이야 있건 없건 교원이었지만 지금은 풀치는 풍막의 식모이다. 그때에는 "선생님 부탁합니다." 하는 학부형의 공손한 인사에 흡족하였지만은, 지금은 노동의 경험이 부족하다고 "풀은 우리가 칠 터이니 밥이나 끓이시오."하는, 그나마 동료들의 호의에 의한 명령을 기꺼이 복종해야만 하는 몸이다. 그때에는 학문을 가르치는 입장에 있었지만 지금은 노동을 배우는 입장에 있다. 무슨 까닭에

---

4) 9월 1일은 러시아에서 새로운 학년도의 시작일이다. '학문의 날'로 기념할 만큼 교사와 학생 모두에게 의미가 큰 날이다.

내게 이렇게도 긴 격차가 생겼는가? 그것은 긴 단어를 나열할 것도 없이 한마디로 말하여 생활에 굴복한 까닭이다. 네 아이의 아버지인 나는 900원_円5)이라는 월급으로 생활을 유지해 나갈 수가 없었으며, 그렇다고 하여 왼쪽 폐에 엉겨 붙은 검은 점黑点을 가지고 있는 나는 탄부炭夫나 목재부와 같은 힘이 많이 필요한 노동은 물론 하지 못한다. 그러므로 건강치 못한 육체가 견딜 수 있을 만한 한도의 노력으로 생활도 유지해 나갈 수 있는 직장, 이런 곳을 구하느라 구한 곳이 오늘의 이 새풀 치는 풍막의 식모이다.

어쨌든 이 풀치기 풍막의 일군들은 '오호츠크'해의 어업이나 북빙양의 자연지리, 1812년-옮긴이 나폴레옹의 모스크바 침입이나 표트르 1세1671-1725의 공적이라든가 곤충이나 약한 동물들의 보호색이나 아메바의 분열 및 세포의 조직체, 또는 어려운 대수代數의 인수분해나 명사나 수사의 격변화 등을 선생의 설명에 따라 열심히 연구하는 학생들인 게 아니라 그런 사회와는 실로 거리가 먼 노동시장의 일군들이다.

자기의 이상을 공상이라는 보따리로 싸안고 미래의 찬란한 꽃밭을 동경하는 젊은이도 있고, 몸은 비록 독한 스삐르트소독용 메칠 알콜6)나 아편으로 지칠 대로 지쳐 타락 하였을지라도 자기 자신도 똑똑히 모르는 그 어떤 희망이 가슴속 한쪽 편에 자리 잡고 있는 것을 느끼는 젊은이도

---

5) 900 루블. 저자는 러시아 화폐 단위인 루블을 원(円)으로 표기하였다.

6) 저자는 이를 '소독제 식용 알콜'이라고 소개한다(책 27쪽 참고). 알콜 도수가 98도에 달하는데, 술이 떨어지면 '스피르트'에 불을 타서 독주를 제조해 마시고 그로 인해 건강을 해치는 이들이 적지 않았다.

있으며, 죽어도 좋으니까 제발 장가를 들어서 살림을 한번 해보고 싶어 하는 사십의 노총각도 있고, 아들딸을 몇씩 두고서 비로소 깜짝 놀라 생활이 어떻다는 것을 새삼스럽게 느끼는 중년의 친구도 있으며, 지나간 과거를 쓸쓸히 회상하며 엷은 애수에 잠긴 노인도 있고, 눈을 지그시 감고 히히히히 웃으며 지난날 이곳저곳서 맛본 어떤 여인들의 육체의 맛을 마치 훈장처럼 자랑하는 이가 다 빠진 '자꼬시까' 아저씨[7]도 있으며, 착한 아들에게 며느리를 볼 근심과 불량자가 된 사위로 말미암아 딸을 한없이 불쌍히 여기는 선량한 노인도 있다.

어쨌든 선생의 설명을 열심히 들으며, 낮은 점수를 맞을까 두려워하는 학생들이 아니라 산전수전 다 겪은 백전노장이거나 혹은 겪어가는 사람, 다시 말하자면 각양각색의 길을 각양각색으로 걷는 사람들이 모인 곳이니, 내 자신도 2년 전에 비하면 90도의 전환을 하였다고 아니할 수 없다.

이 중에서도 나와 가장 가까운 사람은 국립 조선극장[8]의 일급 배우로 있던 김천택金天澤이란 동무이다. 우정이란 물론 이해로 성립되는 것이지만 우리들은 서로가 이해하는 처지에 있다.

자기를 나타내고 자기를 선전하고 자기긍정을 위하여 남까지 이용하는 세상이라 사람이란 별 것이 아니라 일생을 자기를 나타내는 노력에

---

7) 러시아어로 안주를 의미하는 자쿠스카(закуска)를 별명으로 하는 남성. 술꾼이라는 의미를 가진다.

8) 1948년에 사할린에서 만들어진 한인 극단으로 현지 한인들이 북한에서 파견된 이들의 도움을 받아 문을 열었다. 음악과 연극 활동을 벌였고 순회공연도 다녔으나 1962년에 민족적 활동에 대해 억압하는 정책을 폈던 흐루시초프 시대에 강제해산당하고, 1964년에 러시아 악단에 편입되었다.

서 끝마치는 것과 같다고 할 수 있을 것이니 자기를 이해해 주는 사람보다 더 반가운 사람은 없는 것이다. 또 우리 두 사람은 공통된 점이 있으니, 그것은 장래는 모르겠으나 현재에는 다 같이 일종의 타락한 길을 걷고 있다는 것이다.

대단한 문호는 못되더라도 이름난 작가가 되어 보려던 내가 새치기판의 식모로 변한 것이나, 세계적인 영화배우는 못되더라도 조선에서 이름난 배우가 되려던 그가 새치기 일군으로 바뀐 것이 그것이다. 조선 땅이 아닌 이곳에서 러시아 말을 모르는 우리들이며 생활난으로 말미암아 무엇을 연구할 겨를이라고 전혀 없으니 당분간 이렇게 타락함도 사실 할 수 없는 일이다.

풍막 안은 불결하기 짝이 없다. 문이란 문은 하나도 없고 지붕은 절반 밖에 없는 허창이다. 절반 밖에 덮여 있지 않은 지붕이라는 것도 그나마 수없는 구멍이 나 있어 밖에서는 실 같은 가는 비가 내려도 풍막 안에서는 굵은 비방울이 되어 떨어진다. 울퉁불퉁한 통나무를 되는 대로 깐 위에 새를 넣은 주머니가 깔려 있고, 밤이 되면 그 위에서 잠을 잔다. 희미한 석유 등잔불은 스며드는 산속 대기에 까물거리고 흘러가는 시냇물 소리만이 밤의 정적을 깨뜨릴 때 내 몸을 둘러싼 두 개의 담요 사이로 스며드는 싸늘한 가을 공기는 짜릿짜릿하게 뼛속까지 스며든다. 어금니가 딱딱 마주치도록 추운 것을 억지로 참고 코가 너무 시려서 머리까지 담요를 푹 덮어쓴 채 새우처럼 웅크리고 오지 않는 잠을 억지로 부르면서 이리저리 뒹굴었다.

▲ 사할린 풀치기 작업단

불쌍한 '머저리'들

9월 2일

일만 하면 행복하게 살 수 있는 소비에트 국가의 노동자!

이런 말은 사할린에 거주하는 일부 조선인들에게 있어서는 고상한 형이상학적인 말일 뿐이지 실감되는 것은 아니다. 약 32세로부터 45-46세 가량까지의 2만 5천 명의 조선인 노동자들보다 더 딱하고 불쌍한 형편에 있는 사람은 없을 것이다

불쌍한 '머저리'들
9월 2일

　아침밥이 끝나자 점심 식량과 냄비들을 가지고 모두들 일터로 나갔다. 다섯 사람의 러시아인과 아홉 사람의 조선 사람이 우리들의 전 식구이다. 사람들은 다들 좋은 사람들이라 순박하고 거리낌 없는 사람들이지만 억지로나마 그들에게서 어떤 결점을 찾는다면 그것은 모두가 술을 무한히도 좋아한다는 것 뿐이리라.

　아들딸 길러가며 라디오도 사 놓고, 재봉틀도 사 놓고 지금부터 겨울 준비를 하노라 배추 밭을 정성껏 손질하며 정든 아내가 가재미를 말리며, 바닷가에서 새우를 뜨는 것을 만족스럽게 바라보는 사람들은 단벌밖에 없는 옷을 입고, 돈이 있을 때에는 정신없이 술을 마시고 돈이 떨어지면 할 수 없이 이런 불결한 풍막에서 뒹굴며 일을 하는 사람들을 천하의 대 '머저리'라고 할 것이다.

　그렇다. 이북 말로는 '머저리'요, 서울말로는 '바보'이며 남한식으로는 '숙맥' 혹은 '천치'라고 하는 이 대명사는 확실히 그리 명예로운 것은 아니다. 그러나 한발 더 나아가 생각해 볼 때 '머저리'라는 말과 좋은 사람이란 말은 같은 계열에 속하는 말이 아닐까?

사실 가만히 생각하여 본다면 순전히 두뇌의 작용으로 돈이 저절로 자기에게 들어오도록 하는 사람이 잘나고 똑똑한 사람이요, 일은 하여도 아무런 즐거움이나 희망이 없이 벌어서는 마시고 먹고 하는 사람이 이 문제의 '머저리'이며, 같이 먹고 살자고 돈이 있는 사람에게 돈을 좀 달라고 하면 거지이고, 달라고 하다가 안준다고 빼앗으면 도적인 것이다. 그러므로 전자나 후자가 각각 일장일단이 있지마는 '머저리'라는 이 사람들은 남에게 속고 험한 일은 당할지언정 자신의 이익을 위하여 남을 가혹하게 이용할 줄은 전혀 모르는 사람들이니, 이 사람들이 가장 좋은 사람들이며 악의 없는 사람인 것이다.

하기야 자기의 조국이 다른 종족들의 시야비야是也非也 : 옳다 그르다를 말하는 것로 문화의 혼란 상태에 빠져 수라장이 된 것이나 부모 형제가 어떻게 지내는가 하는 것을 걱정하기보다는 소독제 식용 '알콜'이나 말 오줌 같은 '비-루'맥주 beer의 일본식 발음를 마시는 편이 낫다고 생각하는 것을 어떻게 옳다고 볼 수 있을까마는 '여보!'하고 다정하게 부르는 부인도 없으며, '아버지!'하고 매어달리는 어린애도 없는 그들! 인간으로서 가져야 할 모든 행복과 희망과 즐거움을 송두리째 가지지 못하는 그들이 그 괴로운 심정을 마비시키기 위해 술을 마신다고 하여 어떻게 그들을 호되게 질책할 수 있을까?

일만 하면 행복하게 살 수 있는 소비에트 국가의 노동자! 이런 말은 사할린에 거주하는 일부 조선인들에게 있어서는 고상한 형이상학적인 말術語일 뿐이지 실감되는 것은 아니다. 약 32세로부터 45-46세 가량까지의 2만 5천 명의 조선인 노동자독신자들 보다 더 딱하고 불쌍한 형편에 있는 사람은 없을 것이다.

사람에게 있어서 본능적인 욕구 중에서 식욕 다음에는 성욕이라고 하였다. 그럼에도 불구하고 2500년 전에 죽은 인도의 석가모니가 아닌 인간의 본능을 말살하는 이 금욕주의에 만족할 사람이 누가 있으랴! 동물적 행동에 의한 본능적 욕구의 만족도 만족이려니와 사람이 안식을 요구할 때 가정을 떠나서는 있을 수 없는 것이다. 가정이란 물질적으로나 심리적인 양면에서 직접 인간의 '생生'과 결부되는 것이니, 만약에 가정이 없이 생生이라는 게 있다면 빛도 색도 없는 구멍 뚫린 널빤지 같은 것일 것이다. 지구상에 인간이 존재한 이후 유구한 시간을 남녀가 가정을 이루고 자식들을 낳아 길러왔으며, 인간의 역사가 또한 이것의 사건 기록체이거늘 가정을 이룬다는 것은 곧 인간 자체의 의무이기도 한 것이다.

가난한 생활을 해결하기 위하여 모집募集[9]으로 온 사람이나 일제의 징용에 끌려온 사람이나 가족을 데리고 온 사람은 극소수이고 대다수가 독신으로 남자만이 왔다. 지나친 여성 부족은 사할린 조선인 사회에서 괴상한 현상을 초래하였으니, 그것은 윤리와 도덕이 점점 쇠퇴하여 가

---

9) 일제강점기 중 인력 동원의 한 형태. 대체로 일본 기업 등의 인력 모집 공고에 응하는 방식으로 이루어졌다고 하여 '모집'으로 이름 붙여졌으나 실제는 일제가 국가총동원령 발효한(1938.4) 이후 조선인의 노동력을 동원하기 위한 첫 단계 정책으로서 1939-42년간에 실시되었다. 모집이 기대만큼의 호응을 얻지 못했다고 판단한 일제는 이후 관알선 단계를 거쳐 1944년에는 법적 강제력을 동원한 징용(徵用)정책을 실시한다.

는 것이다. 신문이나 강연을 통하여 부모 마음대로 딸을 나이가 많은 사람에게 주는 것이 잘못이니, 또는 돈을 만 원씩이나 받고 딸을 팔아먹는 이가 있느니, 또는 어린애 너덧을 둔 아기 어머니가 다른 남자와 도망을 하였느니 등 간혹 이런 문제를 다루는 것을 본다. 그러나 이것은 수박 겉핥기에 불과하지 여성 부족의 문제를 해결하는 근본 치료가 아니다. 밤새 이불을 둘둘 말아 안고 한숨으로 날을 새던 노총각이 7학년 여학생[10]과 결혼했다고 어찌 함부로 욕할 수가 있으며, 만 원이 아니라 이만 원이 들더라도 '잔치 비용은 모두 부담할 터이니 딸을 주십시오!' 하는 사람의 돈이 들더라도 가정을 가져 보겠다는 인간 필연의 이 욕구를 어찌 무턱대고 나무랄 수 있을 것인가! 이들의 잘못을 엄격히 따지고 공박攻駁하는 신문기자나 선전부장宣傳部長[11]들도 아내와 자식을 가졌으며 국가의 보수로 단락한 가정을 가지고 있다. 그러므로 이런 말들이 순순히 나오는 것이지 그들에게서 가정을 몽땅 빼앗아 가고 또 앞으로 가정을 가질 희망조차 송두리째 빼앗아 간다 해도 이런 말들이 나올 수 있을까? 과연 의문이 생기지 않을 수 없는 일이다.

어쨌든 십 년이 넘어가는 그들의 독신 생활은 그들로 하여금 예의나 체면은 생각할 겨를을 주지 않았으며, 심지어 양심마저 점점 오그라들어 '아무렇게나 살아만 가면 된다'는 습성을 키운 나머지 알코올 중독자

---

10) 러시아 일반교육 체제는 초중고등학교의 구별이 없고 1학년부터 10-11학년까지 학년이 있다. 따라서 7학년은 14-15세 무렵의 학생에 해당한다.

11) 사할린 한인 사이에 신속한 공산주의 사상을 확산시키기 위해 한인이 많은 작업장이나 기관에 배치되어 공산주의 정치이론이나 선전, 선동 교육을 담당하던 이들을 일컫는다.

나 아편 중독자, 또는 자살이 빈번해지며, 정신병자의 수가 늘어가게 만들고 말았다. 장가간 지 일주일 만에 첫 사랑도 때우지 못하고 징용에 붙들려 온 사람이 10년 만에 정신병원에 입원한 사실이나, 오막살이 초가집에 아들딸 사남매와 아내를 남겨 두고 돈을 벌어 남들처럼 잘 살아 보겠다고 온 이후 15년이 넘어도 돌아가지 못함으로 정신병원으로 가버린 원인들은 묻지 않아도 알 수 있는 일이다. 죽고 없다면 단념할 수도 있는 일이다. 또 할 수 없이 다른 여자와 가정이라도 이루었다면 사람에게는 기억력이 있는 반면에 권태력도 있는 법이니 옛날 일을 점점 잊을 수도 있을 것이다. 그러나 그것도 저것도 아니니 어찌 그들이 정신병원으로 간다고 약한 그들의 뇌신경만을 꾸짖을 수가 있으랴! 사실 신이라는 존재가 없으니까 천만다행이지 옛말과 같이 무한한 힘을 가진 신이라는 게 있다면 나는 그들에게 가정을 가지게 하고 희망과 행복을 가지도록 하라고 매일같이 빌었을 것이다.

새풀 치는 밭의 식모는 사실 비교적 한가한 직업이다. 나무를 패서 하루에 세 때 혹은 두 때의 밥만 끓이면 그만이다. 그러나 열네 사람 식구에 한 개의 솥과 두 개의 밥그릇과 일곱 개의 숟가락을 가지고 식모 노릇을 하는 건 그리 용이하지도 않다.

오후 5시 – 저녁 식사 준비를 해야 한다. 솥이 하나밖에 없기에 밥을 끓여서 퍼 놓고 다시 국을 끓여야 한다. 땅을 파고 돌을 주워 모아 만든 부엌에는 연기가 사방으로 빠져 마치 거꾸로 세운 우산살처럼 퍼져 나간다. 그래서 그 연기는 난들-난들 춤을 추는 자작나무 잎 사이로 퍼져 나간다. 기름이 둥둥 뜨는 중국제 돼지고기 통조림을 넣은 국의 구수한 냄새를 맡으면서 살짝만 닿아도 똑 똑 부러지는 마른 국수 오라기들을 조심스레 국솥에 넣은 다음 어제도 오늘도 흘러만 가는 시냇물, 몇 만 년 전부터 몇 만 년 후까지 한 결 같이 흐를 끝없는 생명을 가진 냇물을 물끄러미 바라보며, 나는 동지들이 오기를 기다렸다.

저녁 식사가 끝난 뒤, 반짝이는 무수한 별들, 꾸불거리는 은하수, 수정처럼 투명한 공기 속에 싸늘한 대기를 느끼면서 석유등이 가물거리는 풍막 안으로 들어오니, 모두들 웃음꽃이 피어 한창이다. 천택天澤이가 어느 절색 미녀인 처녀에게 일어난 기묘한 사랑의 실패담을 이야기한 모양이다. 여기 이 깊은 산속, 시가지로부터 무릇 수십 킬로미터 떨어져 있는 곳, 누우면 하늘의 별들이 내다보이고, 불결하기 짝이 없으며, 남자들만 웅성거리고 있는 이 보잘것없고 스산殺風景한 풍막 속에서도 사랑에 대한 이야기는 때 아닌 화기和氣를 일으켜 수없는 젊은이들에게 괴로움을 잊는 웃음을 제공하였던 것이다.

밤 10시 – 어제 저녁처럼 또 그렇게 추우려니 생각하면서 습기로 말미암아 눅눅한 자리 위에 누워, 벌써부터 스며드는 싸늘한 바람이 뼈에서 또닥또닥 소리가 나도록 추운 것을 느끼면서 무릎을 턱까지 오그려붙인 다음 담요를 머리까지 푹 덮어 쓰고 잠이 빨리 오기를 기다렸다.

▲ 저자의 어린시절 집 인근(친구들과 늘 오가던 추억의 장소이다).

기억의 재편성 : 추억

9월 3일

단념하지 못할 단념을 단념하려는 것은 오히려 어리석은 일이다.

생각이 나면 나는 대로 고요히 회상하는 것도 나쁘지는 않으리라.

기억의 형식 운용을 습관이라고 하고, 이 습관의 집합체를 풍속이라고

하는 것과 같이 이 기억의 재편성을 추억이라고 한다.

때로는 이 추억이라는 것도 어떤 달콤한 감상을 주는 것이다

기억의 재편성 : 추억
9월 3일

　오늘도 모두들 점심 준비를 해가지고 일터로 갔다. 언제나 점심 준비를 해가지고 가는 날이면 나무를 패야 하는 때까지 묵상도 사색도 할 수 있는 한가한 시간이 찾아온다. 며칠 동안 어찌나 떨었는지 약한 폐와 만성 기관지염을 가지고 있는 나는 드디어 감기에 걸리고 말았다. 기침이 끊임없이 나지만 다행히 열은 없으므로 괴로우나마 움직일 수는 있다.

　창 – 창이라고 말한댔자 이것은 창이 아니라 이 집을 지을 때에 유리창을 박아 넣기 위해 뚫어 놓은 구멍이다. 통나무에 걸터앉아 이 구멍 밖으로 내다보니 흘러가는 냇물 저쪽에는 오리나무, 버드나무, 그리고 자작나무 등 활엽수들이 연한 바람에 늠실거리며 춤을 춘다. 흐르는 시냇물 소리와 이따금 들려오는 이름도 모를 산새들의 울음소리 이외에는 아무 것도 들려오지 않는 고요한 정적 속에서 맥없는 눈으로 창밖을 내다보고 있노라니 웬일인지 생각하지 말자고 단념한 지 이미 오랜 고향 생각이 슬며시 일어난다.

　단념이나 체념이라는 것이 사실 그렇게 아름다운 감정은 아니다. 너무도 지나치게 그리운 나머지 일어나는 감정을 이성의 힘으로써 억누르려는 하나의 수단에 의하여 발생하는 현상에 불과한 것이다.

단념하지 못할 단념을 단념하려는 것은 오히려 어리석은 일이다. 생각이 나면 나는 대로 고요히 회상하는 것도 나쁘지는 않으리라. 기억의 형식 운용을 습관이라고 하고, '이 습관의 집합체를 풍속이라고 하는 것과 같이 이 기억의 재편성을 추억이라고 한다. 때로는 이 추억이라는 것도 어떤 달콤한 감상을 주는 것이다.

고향 – 조선 경상북도 의성군 단밀면 속암동 고실촌古室村 – 여기가 어린 시절 나를 길러주던 고향 마을이다. 역사적 문건을 찾아보지 못한 나는 어느 때 누가 이런 이름을 지었는지 모르지만 이 고실촌은 불과 백여 호 밖에 되지 않는 마을이다. 뒤로는 벌뫼봉봉묘봉蜂墓峰이라는 조그만 산이 있고, 앞으로는 낙동강의 지류 위강渭江이라는 강이 흐른다. 그 옛날 임진왜란1592–1598 때 팔공산에서 왜군과 격전이 벌어진 후 이 강물은 장장 일주일 동안이나 새빨간 피가 흘렀다는 전설이 있는 강이다.[12] 사실 알고 보니 보잘 것 없는 적은 강이나 내 어린 시절에는 세상에서 이보다 더 큰 강은 없는 줄로 알았던 것이다.

---

12) 오늘날의 대구광역시 동구와 경상북도 영천시, 군위군, 칠곡군, 경산시에 걸쳐 있는 높이 1,193m, 총면적 122.08㎢에 달하는 큰 규모의 산인 팔공산(八公山)은 임진왜란 첫해인 1592년 4월 21일에 적에게 점령된다. 하지만 지세가 험준하고 여러 지역에서 접근할 수 있어 이후 지역 유지들과 의병들이 계속적인 저항을 벌인 본거지가 되었으며, 그중에서도 김성일, 권응수 장군 등이 주도한 의병활동과 동화사에 위치했던 승병 사령부를 중심으로 한 사명대사(유정)의 저항이 유명하다. 임진년이었던 1592년에 팔공산 일대에서 벌어진 큰 싸움으로 7월 26일–27일간에 권응수(1546-1608) 장군 등이 지휘하는 4천여 명의 의병이 일본군과 대결하여 승리를 거두고 영천에 소재했던 영천성을 회복하는 사건이 있다. 하지만 의성군 단밀면과의 거리로 볼 때 본문에서 언급된 격전이 구체적으로 어떤 전투를 언급하는지 확인하기 어렵다.

강 건너편에는 수백 정보의 푸른 들판이 가로 놓여 있고, 이들 한 가운데로 하얀 약 5리에 달하는 신작로가 똑 바로 놓여 있다. 일직선으로 놓여 있는 한오리의 이 신작로, 이 신작로 양쪽 가에는 도로와 나란히 달리는 포플러 나무가 짧은 머리를 한 처녀처럼 위아래 똑 같이 잘려서 옆으로만 빵빵하게 자라 테니스의 라켓을 닮은 모양으로 5m 사이에 한 그루씩 서서, 여름철이면 무성한 잎으로 짙은 그늘을 지워 김매는 농부들의 안식처를 만들어주는 것이다. 나는 실제로 이 신작로 앞에서 나서 이 신작로에서 자랐다. 그러므로 고향을 회상하게 되면 이 신작로를 회상하게 되고, 이 신작로를 회상하게 되면 여기서 같이 자란 여러 동무들을 자연스레 회상하게 된다.

○영식*榮植이 — 그는 나보다 나이 두 살이나 위였지만 한 반에서 함께 글을 읽은 소학교 동창생이다. '고구라'나 '시모후리'의 양복[13]을 입고 학교를 가면 "양복쟁이"라고 놀리는 옛날 학생이라 여름철에는 홑 중우 적삼을 입고 다녔고 겨울이 되면 바지저고리에 옥색 대님을 매고 새까맣게 물들인 무명 베 두루마기에 책보를 옆에 끼고 나는 영식이와 같이 언제나 이 한오리의 신작로를 걸어 학교에 다녔다. 그가 나보다 일찍 나오면 언제나 이 한오리의 신작로에서 나를 기다렸고, 내가 일찍 나온 경우는 언제나 이 신작로에서 그를 기다렸다. 점심시간이면 도시락 반찬

---

13) 각각 겨울과 여름 양복을 대표했고, 특히 학생들의 교복으로도 자주 이용되는 천이었다. '고구라'는 후쿠오카 지방 고쿠라 지방에서 나는 무명으로 만든 도톰한 천으로 현진건의 작품 '운수좋은 날'에도 언급되었을 정도로 대중적이었다. '시모후리'는 서리가 내린 것 같은 느낌을 주는 얇은 천이었다.

을 언제나 같이 놓고 먹었으며, 둘 중에 누가 하나 딴 사람과 싸우기만 하면 잘잘못간에 두루마기를 벗어 던지고 꼭 편을 들고 나섰다.

이렇게도 다정했던 우리 두 사람 사이었건만 소학교를 졸업한 후의 차디찬 현실은 두 사람 사이를 영원히 갈라버리고 말았으니, 나는 외삼촌의 덕택으로 사립 중학교의 문을 두드렸으나, 가난한 그는 아버지의 농사를 돕지 않으면 안 되었던 것이다.

수년이 지난 후 농촌에서는 모내기에 정신이 없을 때 영식이 아버지는 정조식正條植: 못줄을 대어 가로와 세로로 반듯하게 모를 줄 세워 심는 것을 하지 않는다는 이유로 그 유명하던 불량자 김 순사에게 매를 맞아 한쪽 다리를 쓰지 못하는 병신이 되고 말았다. 그 당시에는 아무도 상대를 압도할 만큼 강력한 힘을 지닌威力 순사라 당연히 고소나 분풀이도 못하였으며 울며 겨자 먹기로 병신이 되어 가지고도 오히려 "나으리, 잘못했습니다"고 비는 아버지를 본 영식이는 치밀어 오르는 분노를 참지 못하여 반드시 원수를 갚겠다고 이를 악물고 순사가 되기로 굳게 결심하였던 것이다. 그러나 이렇게 원한에 찬 영식이의 결심도 고향 순사 놈들의 온갖 박해로 말미암아 끝내 실현되지 못하고, 겨우 만주 벽촌僻村의 순사질을 하게 만들고 말았으니 이 어찌 슬픔에 찬 일이 아니었으랴!

'만포滿浦 산맥에 쌓인 눈을 바라보면서 영양부족과 병신의 몸으로 고생하실 부모님을 생각하여 봅니다. 경관이란 직업이 내 성격에도 맞지 않거니와 사람으로서 할 노릇이 아님을 새삼스럽게 느끼면서 …'

언제인가 이런 편지를 영식으로부터 받은 일이 지금도 확실히 기억된다. 그렇다. 순박하고 온순한 그에게 남을 가혹하게 대해야 하는 경관이란 직업이 성격에 부합될 리 없는 것이다. 더욱이 자기 민족을 자신이 팔아먹어야 하는 일에서야 ……

아니나 다를까. 그 이듬해 여름, 경관이란 직업에서 쫓겨났을 뿐만 아니라 사상 문제로 4개월 동안이나 미결수로 신음하던 영식이가 가마에 앉아 이 한오리의 신작로로 돌아왔다. 국경이 가까운 만주는 각종의 성질을 띤 사상가들이 많은 곳이다. 그러나 굳센 사상의 신념은 없었다고 하여도 언제든 확고한 민족적 의식에서 떠난 일이 없던 그는 다만 일시적인 마음의 충격으로 경관이 되었다고는 하여도 원래가 선량한 사람이라 일본인들의 민족 편견의 정책을 비난도 하였을 것이고, 일본인들에 비하여 훨씬 불리한 형편에 있는 사상가들을 도와도 주었을 것이다.

어쨌든 영식이가 이 한오리의 신작로로 돌아올 때에는 영식이 아버지를 병신으로 만든 그 순사라는 작자는 은급恩給: 일제강점기에, 정부 기관에서 일정한 연한을 일하고 퇴직한 사람에게 주던 연금까지 붙었을 뿐 아니라 마을 제일의 부자가 되었고, 그에게 원수를 갚겠다던 영식이는 유치장 생활의 결과로 폐병 환자가 되어 돌아오게 되었던 것이다. 가쁜 숨결과 핼쑥한 얼굴에 구슬땀을 흘리며 가마에 앉은 영식이는 하얀 회칠을 한 덩그런 기와집인 그 순사의 집을 아랫입술을 지그시 물고 바라보고 있었다는 것이다.

며칠이 지난 후 청개구리가 시끄럽게 울고 청승궂은 비까지 내리던

날, 심한 각혈 끝에 희다가 못해 새-파란 얼굴을 한 영식이는 천추의
원한을 품은 채 가쁜 숨결을 거두고 말았다. 공동묘지에는 새로운 무
덤이 하나 생겼고 외동자식을 잃은 영식이의 아버지는 목을 놓아 통곡
했지만 영식이의 일생은 그로써 끝 마쳤으며, 내 우정의 자리들 중에서
영식이라는 자리를 영원히 비워버리고 말아 버렸다.

그 당시 청진에 가 있던 나는 그가 고향에 돌아와 앓을 때나 숨결을
거둘 때도 알지도 못하였고 물론 만나보지도 못하였다. 그 이듬해 귀향
한 나는 이 기가 막히는 여러 사정을 알고 그의 무덤을 찾았다. 공동묘
지의 수없는 무덤 속에 섞인 채 크지도 적지도 않은 한 무명 청년의 무덤
인 그의 무덤에는 이름 모를 잡초가 무성해 있었다. 나는 목구멍에서 무
엇이 꿀꺽 올라오는 것을 간신히 참고 아랫입술을 지그시 문 채 잡초들
을 하나하나 손으로 쥐어뜯었다. 할 수 없이 참지 못한 눈물은 방울방울
무덤 위에 떨어지건만 가엾게 희생당한 영식이는 아는지 모르는지 ……

생각하면 그 몹쓸 정치적 제약과 환경 속에서 영식이처럼 아깝게 희
생당한 청년이 몇몇이랴! 아, 지금쯤 내 고향에는 이런 비극이 생기지나
않는지? 고향의 그 하얀 한오리의 신작로야! 너는 대체 누구를 위하여
생겼기에 이런 비극을 미연에 방지할 힘이 그렇게도 없었느냐? 행복해
야 할 내 고향에 제발 제2, 제3의 영식이여 생기지 말지어다.

자랄수록 더욱 아름다워졌지만
9월 4일

유달리도 빛나는 눈을 가진 금순이는 자랄수록 더욱 아름다워졌지만...

이렇게 일곱 명의 동생을 가진 금순이는 가족을 위하여 피지도 못한

봉오리의 꽃으로 진흙 구렁에 떨어지고 말았다

자랄수록 더욱 아름다워졌지만
9월 4일

모두 일터로 나갔다. 풍막 앞에는 '가라후토 부시'[14] 꽃이 한창으로 피었다. 짙은 보라색이요, 훨훨 나는 나비처럼 꽃잎이 동그랗게 양쪽으로 붙었고, 앞이 샐쭉한 것이 어찌나 곱던지 따서 그 향기를 맡아 보고도 싶다. '가라후토 부시', 그 잎을 손가락으로 문지른 다음 그 손가락을 빨기만 하여도 죽는다는 독초이건만 그래도 벌들은 그 꽃에서 꿀을 찾아 날아다닌다. 솜이불처럼 그렇게도 두텁게 덮여 있던 안개는 산마루 위로 자취를 감추고 해말쑥한 하늘에 엷은 가을 햇볕이 내려 쪼인다.

나는 어제와 같이 또 다시 통나무에 걸터앉아 슬며시 추억의 실마리를 풀기 시작하였다. 고향! 한오리의 신작로! 그리고 거기에서 같이 자란 동무들을!

금순이 – 나보다 나이 두 살이나 아래인 계집애였다. 눈이 어찌나 서근서근하게 컸든지 '헤드라이트'라는 별명을 가진 그는 밥숟가락을 놓기가 바쁘게 우리 집으로 달려오곤 하였다. 소꿉놀이 살림을 할 때에 그

---

14) 樺太付子(karafutobushi), 즉 사할린에서 자생하는 독성이 강한 식물 부자(付子)로 한약재로 이용되기도 하는 킨포우게과의 다년초. 학명은 Aconitum sachalinense subsp. sachalinense이다.

는 언제나 내 아내의 역할을 하였고 무더운 여름날 잠자리를 잡으러 다
닐 때에는 오리강아지풀을 뽑아들고 하루 종일이고 내 뒤를 따라 다녔
다. 맛이 색다른 어떤 음식을 했을 때에는 꼭 주머니 속에 감추어 금순
이를 갖다 주었고, 금순이 역시 그것이 비록 맛없는 풋 보리떡[15]이라도
혼자는 먹지 않았다. 이른 봄 진달래로 꽃방망이[16]를 만들 때부터 첫
여름 살구나 복숭아를 먹을 때, 그 다음 외나 수박을 먹을 때나 익어가
는 붉은 감을 주먹으로 뻐개 먹을 때나 조그만 과수원이라기보다는 집
터전에 과수들을 가지고 있었던 우리 집이라 나는 언제나 금순이를 데
리고 다녔고 금순이 역시 그림자처럼 내 뒤를 따라 다녔다.

남의 밭에 땅콩을 훔치러 들어갈 때 금순이에게 보초를 서게 하고 나
는 들어가 파다가 주인에게 들켜서 달아난다는 게 잘못하여 가시 넝쿨
속에 떨어지자 나를 구할 힘이 없는 금순이는 소리쳐 울었고, 나는 그
래도 사내아이라고 금순이를 욕했으나, 바른쪽 손등에 무수히 박힌 가
시를 금순이는 훌쩍거리면서도 그 조그마한 손으로 다 뽑은 다음 피나
는 곳을 제 치마끈을 쭉 찢어 잡아매 주었다.

어른들의 결혼식을 구경한 우리들은 그 흉내를 내느라 소나무와 대
나무를 꺾어서 맷돌에 꽂아 놓고, 나는 어머니가 바느질 그릇에 소중히
간직해 두신 붉고 푸른 명주실을 꺼내어 이리저리 쳐 놓은 다음 신랑이

---

15) 보릿고개 시절 보릿대는 누렇지만 이삭은 아직 영글지 않은 시기에 이삭을 꺾어 손바닥으
　　로 비비면 파랗게 말랑한 보리쌀을 얻게 되는데 이것을 찧어서 만든 떡을 말한다.
16) 아이들이 꽃가지 여러 개를 꺾어 긴 꼬챙이에 둥글고 길게 둘러 묶어 가지고 노는 것.

된 나와 신부가 된 금순이가 둘이 마주서서 꼬꼬재배[17]를 하다가 누나가 시집갈 때에 쓰려던 명주 색실이 없어진 것을 안 어머니에게서 나는 볼기를 톡톡히 맞았지만, 그러나 금순이가 감나무에서 떨어지던 날 금순이가 죽지나 않나하고 나는 밤늦도록 금순이네 삽작문에 붙어 섰다가 술이 취하여 늦게야 집으로 오는 그의 아버지에게 쫓겨 집으로 돌아왔다.

 이렇게 철없는 동심의 세계에서는 둘도 없는 다정한 동무이였건만 한 살 한 살 나이가 들면서 점점 사이가 벌어졌으니 그것은 내가 소학교에 다니기 시작한 다음부터였다. 내가 1학년에 다닐 때 금순이는 내가 크레용으로 그린 그림을 줄 때 토끼처럼 뛰면서 좋아하였건만 다른 아이들이 나와 금순이가 친하다며 놀릴 때 나는 그만 죄 없는 금순이를 다시는 놀러오지 마라고 때려주고 말았던 것이다. 맞은 금순이는 설움에 복받쳐 울면서 돌아갔고, 때려 준 나도 어쩐 일인지 슬퍼서 생트집을 부리며 울었던 것이다.

 몇 해가 지난 후, 중학교에 다니던 내가 여름 방학에 집으로 돌아왔을 때 15살이 된 금순이는 완전히 처녀티가 났으며, 5월이라 단옷날 윤이 나고 향기가 나도록 천궁天弓[18]뿌리로 머리를 감아 빗은 그는 더 한층 아름다워 보였다. 그러나 '남녀 칠세면 부동석不同席'이라는 옛 습관을 그

---

17) 전통방식 결혼식 홀기(식순)에 들어 있던 각각재배(各各再拜)를 그 어원으로 하는 말이다. 각각재배란 신랑신부 각각 두 번 절한다는 의미이지만 꼬꼬 재배가 일종의 속어처럼 사용되었으며 결혼식을 의미하는 것으로 이해되었다.

18) 산형과의 다년생 식물로 어린순은 나물로 먹고 뿌리줄기는 건조시켜 약재로 이용한다. 방향성 정유를 다량 함유하고 있어서 냄새가 좋고 창포와 같은 세정 기능과 항균 기능이 있다.

대로 지키는 당시의 영남 지방의 풍속이 있는지라 이야기는 고사하고 여간해서는 만나볼 수조차 없었다. 하지만 어찌하랴 어릴 때에 남다른 사이였던 우리는 그리움을 못 이겨 남의 눈을 피하느라 어둠을 이용하여 딱 두 번을 만났으니 그것도 가시 넝쿨을 사이에 두고서였다. 그래도 그때 나는 절약하여 남은 돈으로 '우데나 바니싱그 크림[19]일본 우데나(Utena) 사에서 제조한 바니싱 크림(Vanishing cream).'을 한 통 사서 선사했으며, 그는 또한 분홍색 명주 손수건을 내게 주었건만 어릴 때에 그렇게도 정답던 사이였음에도 불구하고 서로 얼굴만 시뻘게져서 아무런 정다운 말도 나누지 못하였다.

서근서근하고 유달리도 빛나는 눈을 가진 금순이는 자랄수록 더욱 아름다워졌지만 닥쳐 온 불경기에 석공으로 일하던 그의 아버지는 팔남매의 아이들을 키울 수 없어 남의 장리長利[20] 빚들에 졸리다 못하여 260원이라는 돈에 금순이를 술집에다 팔아버리고 말았으니 이렇게 일곱 명의 동생을 가진 금순이는 가족을 위하여 피지도 못한 봉오리의 꽃으로 진흙 구렁에 떨어지고 말았다. 금순이가 이처럼 희생하였다고 하여 금순이의 가정이 영원히 행복해질 수는 도저히 없었으니, 그것도 길지도

---

19) 항아리 모양의 용기에 담겨 있었고 1930년대 최고가로 팔리던 시세이도 계열의 드 룩스(de Luxe, 1932년 출시)에 약 20%라는 저렴한 가격에다 미백 효과가 있는 것으로 선전되어 조선에서도 상당한 인기를 모았다. 바니싱 크림이란 기름기가 보이게 남는 콜드크림과 달리 피부에 바르면 소멸되는(Vanish) 것처럼 보인다 하여 붙여진 이름이지만 스테아린산(Stearis acid) 같은 고형의 지방산을 중심으로 만들어졌기에 실제로 유분이 피부로 침투하지는 못한다. 즉 수분만 침투하게 됨으로 피부에 얇은 지방막이 형성되도록 하는 원리이다. 오늘날에는 바니싱이란 명칭보다 '모이스처라이저' 화장품이라는 명칭이 더 일반적이다. 일제강점기의 유명세로 해방 이후에도 자주 밀수되곤 했던 우데나 크림은 현재까지 생산되고 있다.

20) 돈이나 곡식을 꾸어 주고, 받을 때에는 본래 꾸어준 곡식(혹은 돈)의 절반 이상을 한 해 이자로 받는 변리.

못한 1년 – 불과 이 1년이라는 시일 동안 아홉 명 식구의 먹는 문제를 약간이나마 해결하기 위해 금순이는 자기의 일생을 동댕이쳐 버린 것이다.

장차 자기의 운명이 어떻게 전개될지 예측조차 못하는 금순이는 모진 폭풍우에 가이 없이 흔들리는 한 떨기의 들국화처럼 설움과 공포에 바르르르 떨면서 눈시울에 맺히는 눈물을 옷고름으로 씻고 낯선 사나이의 뒤를 따라 이 한오리의 신작로로 떠나가고 말았던 것이다. 그 사나이는 금순이를 술집 부엌 심부름 이외에는 아무것도 시키지 않는다고 하였다는 것이다. 그러나 돈이라면 악귀 같은 이 술집 주인. 이 세상에 나올 때는 벌써 양심이란 어머니 뱃속에다 놓아두고 나온 듯한 인간이며, '이利'를 위하여서는 자식을 낳고 사는 자기 여편네도 팔아먹을 이 작자. 하늘에서 천도복숭아가 떨어질 것을 믿지 이 작자의 말을 어떻게 믿을 수가 있으랴!

그 후 – 몇 해가 지난 후 내가 서울서 집으로 돌아왔을 때, 아버지 없는 어린 아이를 안고 병으로 말미암아 누렇게 부은 얼굴을 한 금순이는 이 한오리의 신작로를 걸어 집으로 돌아왔다. 맥이 다 풀어진 그의 눈동자에는 옛날과 같은 빛이나 서근서근한 맛은 물론, 원망도 저주도 슬픔도 회한도 아무 것도 없었다.

감이 누렇게 익어가는 어느 가을 날, 그의 어머니의 시름겨운 물레가 돌아가는 어두운 골방 안에서 어린애에게 젖꼭지를 물리는 금순이를 내가 찾아갔을 때 그의 입가에는 약간의 미소가 흘렀다. 그러나 그다음

순간 자기의 잘못이 아니건만 무슨 죄를 지은 사람처럼 눈을 어린애에게로 내려뜨고 나를 정면으로 보기 싫어하는 그를 볼 때 나는 가슴에서 무엇이 뭉클 하는 것을 느꼈다. 부기는 있어도 파시시한 그의 얼굴, 이마에는 색이 바란 생활의 축도縮圖[21]가 연대표처럼 걸려있고, 양 볼에는 이곳저곳서 구경한 풍속화가 두루마리처럼 펼쳐 있었다. 힘없이 내려 뜬 그의 두 눈에서 눈물이 맺힐 때 나는 그만 말없이 문을 닫고 나와 버렸으니 옛날보다는 제법 성장했다고 볼 수 있는 내가 눈물을 그에게 보이기 싫어서였다. 필연코 그의 입술에는 사나이들이 늘 마시는 가지가지의 술 이름들이 적혀 있을 것이고 깨끗해야 할 그의 육체에는 사람으로서 마땅히 지켜야 할 도리人道를 잊은 뭇 사나이들이 아무렇게나 깔기고 간 낙서투성이일 것이다.

농촌에서는 추수에 한창 바쁜 어느 가을 날, 금순이는 한 많던 자기 일생에 마지막을 고하고 말았다. 의사는 그의 시체에다 매독에 의한 황달黃疸[22]이라고 진단했으며, 마을 사람들은 그의 주검에 부조博助나 향전香奠[23]을 가져가는 대신에 조소와 멸시를 보냈던 것이다. 그러나 이것은 물론 금순이의 잘못도 아니거니와 금순 아버지의 잘못도 아니라 이미 자리를 잡고 썩어가는 곪은 종기와 같은 당시 사회의 잘못이었으니, 금순이는 가족을 위하여 희생한 것이 아니라 불쌍하게도 그 몹쓸 사회에 희생당한 것이

---

21) 대상을 일정한 비율로 줄여서 원형보다 작게 그린 그림.
22) 담즙이 원활하게 흐르지 못하여 온몸과 눈 따위가 누렇게 되는 병으로 온몸이 노곤하고 입맛을 잃으며 몸이 여윈다.
23) 부의(賻儀)와 같은 말로 상가(喪家)에 부조로 보내는 돈이나 물품을 말한다.

다. 가난과 사회의 박해로 눈물샘조차 영영 말라 버렸는가 눈물 한 방울 흘리지 않는 그의 아버지가 관에 담은 그의 시체를 지고 갈 때에 나는 손수건을 적시며 이 곪은 종기가 어느 때나 터지랴 하고 생각하면서 그의 뒤를 따랐다.

고향 – 한 오리 신작로여! 너는 진정 조선에 있는 것이고, 조선을 위한 길이건만 이런 슬픈 사실이 다시는 생기지 말게, 조선 사람이 걷는 똑바른 길로 되어 주려무나!

한 천재의 죽음

9월 5일

이 유명하던 한 시대의 천재를 요렇게도 못살게 만들고
죽순처럼 씩씩하게 자라려는 그를 싹도 트지 못하게
비비고 문질러버린 것은 다른 게 아니라 그 당시의 사회제도니
이 역시 아까운 사회의 희생자가 아니고 무엇이랴!

한 천재의 죽음
9월 5일

모두가 일터로 나가자 다다다다 하는 오토바이 소리가 나더니 작업단장 임동화_{林東樺}가 왔다. 나이 어린 까닭에 철이 없다고나 할까 일군들이 뒤에서 무엇이라고 수군거리는 것도 모르고 동화는 낚시를 들고 강가를 올려 뛰고 내리 뛰고 한다. 맹자_{孟子}가 말한 오륜_{五倫}의 한 조목인 '장유유서_{長幼有序}'를 철칙으로 지키라 해서가 아니라 나이 드신 분을 존경하는 것이 조선 사람의 특히 자랑할 만한 좋은 점인데 동화에게는 그것이 적다. 가정교육을 받지 못한 탓인가 혹은 시대의 조류에 휩쓸려서인가? 그렇지 않으면 동화 자신의 개성 때문인가는 모르거니와 자기 아버지에게나 자기 자형에게나 또는 나 자신 사람들에게 한마디로 말해서 "버릇이 없다"라는 말은 동화를 향해 할 수 있는 말이다. 그러나 굳이 논하여 무엇하리 – 사람에게는 누구나 일장일단이 있는 것을…

나는 또 다시 냇가에 앉아서 강 건너편의 활엽수림을 바라보며 추억에 잠겼다. 고향 – 한오리의 하얀 신작로! 그리고 거기에서 같이 자란 동무들을……

○○이 – 나보다 나이 한 살 위인 그는 과연 재주가 비상한 사람이었

다. 우리 같은 한 반 80명 아이들 중에서 소학교 6년간 한 번도 1등의 자리를 남에게 주지 않은 사람이었다. 얼굴이 까무잡잡하고 눈에 정기가 돌며 키도 그리 크지 않은 그였지만 그의 머리에 항복하는 아이들은 급장인 그의 말을 언제나 잘 순종하였다. 나는 그의 1등 자리를 빼앗아 보려고 무한한 애를 썼지만 한 번도 빼앗아 보지 못하고 언제나 그보다 2등 아니면 3등 아래였다. 학년이 올라갈수록 그의 머리는 점점 더 빛이 났으며, 학생들은 물론 선생님들까지도 그의 소질과 타고난 슬기에 탄복하여 마지않았건만, 언제나 소작농에 시달리던 그의 아버지는 소처럼 일을 하였으나 그를 중학교에 보내지는 못하였으니 아까운 그의 재주는 여기에서 좌절되고 말았다.

학교 교장의 추천으로 체신원吏員 강습소만을 그가 겨우 마치기는 했으나 그때에는 벌써 그의 아버지에겐 45원짜리 큰 황소와 돼지가 없어졌었고 연 40퍼센트의 이자를 가진 고리 대금업자의 빚이 80원이나 있었다. 하지만 우편국 사원이 된 그는 마을 제일의 예쁜 아내를 얻었으며 "다다 쓰 다 쓰쓰다−"하고 전신의 키를 언제나 두드리는 그는 그 당시만은 한없이 행복하였다.

나는 이○○이와도 참 재미있게 놀았다. 꿀벌들이 윙윙거리며 감꽃이 한창으로 피었을 때 이 감꽃을 실에 꿰어 염주처럼 목에 감고 놀았으며 얼음 위에서 팽이 굴리기 내기를 하다가는 싸움도 하였다. 볶아 먹으면 설사가 난다고 땅콩을 한 솥 쪄놓고 밤새도록 까먹으려 시험공부도 하였고 군고구마를 먹으며 나폴레옹이나 링컨도 이야기하였고, 에디슨처럼 발명가가 되자며 서로 동경과 포부도 나누었다. 그가 장가를 간 후에는 달빛이 새어드는 감나무 밑에서 왕골자리를 깔아놓고, 막걸리를 마시며 스코틀랜드의 민요곡도 불러 보았으며 슈베르트의 자장가나 '볼가의 뱃노래'도 불러보았다.

그러나 그가 월급 80엔의 우편국 사원이 되기 위하여 진 빚이나 그가 장가를 가기 위하여 진 빚의 이자도 장만하기 전에 또 그의 어머니마저 장질부사腸疾扶斯[24]를 앓다 죽고 말았으며, 그 이듬해 소까지 장만하자 그들은 150엔의 빚을 지고 말았으니, 그 당시 소작농으로서는 많은 식구의 호구지책도 막연한 형편에 이 빚은 도저히 갚을 수 없는 것이 되고 말았다. 1년에 40퍼센트의 이자면 150엔에 60엔이다. 그가 받는 월급으로서는 밥 사먹고 옷 사 입기도 바쁜데 그해야 말로 흉년이 들었고, 거기다가 자기 어머니 삼년상을 치르었을 땐 이자에 이자를 다는 고리 대금업자 황 주사主事[25]네 빚이 300엔을 훨씬 넘었다. 그의 집에 지불명령의 붉은 딱지가 붙던 날 다섯 동생들과의 생활이 파산 날까 우려하던 그는 급한 나머지 우편국 공금 100엔을 임시 사용하였으니 이날부터 그는 공금횡령의 죄목으로 유치장 신세를 지게 되었던 것이다. 실신한 그의 아버지는 소와 집을 팔고 터전을 팔아 한 달 만에 이 돈을 물

---

24) 장티푸스(腸typhus)를 말한다. 티푸스균이 창자에 들어가 일으키는 급성 전염병이다.
25) 사무(事務)를 주장하는 사람 혹은 성 뒤에 붙여 쓰이어 상대방을 점잖이 높이어 이르는 말로 남자에게만 쓰인다.

어 넣었으니, 그리하여 법적 사건이라는 것은 무사하게 되었으나 때는 이미 늦었다.

내가 서울 있다가 몇 해 만에 집으로 다니러 왔을 때에는 그는 반쯤 정신이 나간 사람이 되어 있었다. 자기 아버지의 갓을 쓰고 감나무 밑에서 제사도 지냈으며 부엌칼을 들고 이 한오리의 신작로를 달리며 서부 활극의 흉내도 내었다. 자동차가 오거나 수레가 오거나 피하지도 않고 신작로 복판에서 작대기로 알아들을 수 없는 영어도 썼으며, 때로는 울고도 다녔다. 누가 그를 이렇게 미치게 하였는가? 약한 그의 뇌신경의 탓인가? 아니다. 이것도 저것도 아니다. 이 유명하던 한 시대의 천재를 요롷게도 못살게 만들고 죽순처럼 씩씩하게 자라려는 그를 싹도 트지 못하게 비비고 문질러버린 것은 다른 게 아니라 그 당시의 사회제도니 이 역시 아까운 사회의 희생자가 아니고 무엇이랴! 돈 꽤나 있는 사람만 보면 도적놈이라고 욕을 하며 달려드는 그는 옛 친구를 만나려 양복을 입고 간 내가 면서기나 혹은 자본가로 보였던지 나를 작대기로 사정없이 때려 쫓아 버리고 문을 꼭꼭 걸어 닫고 말았다. 나는 사정없이 자꾸만 흐르는 눈물을 손수건으로 닦으면서 그 집에서 돌아섰다. 그러나 그 때에 내게서 흐르는 눈물은 작대기로 맞은 자리의 아픔에서나 괄시를 당한 굴욕감에서 나오는 것이 아니라 그런 것들과는 전혀 관계가 없는 좀 더 먼― 어떤 딴 곳에서 가슴을 찌르며 솟아나는 것 때문이었다.

며칠 후 황 주사의 집에 불을 지르려는 그를 붙들자, 위험하다는 구실 아래 경찰서에서 와서 굵은 통나무를 무릎 오금에다 삼 새끼로 얽어매어 움직이지 못하게 한 다음 어두운 골방에 집어넣자 그는 한 가닥 실낱 같은 애정조차 끊어버리고 아내를 통곡하며 불렀다고 한다.

어두운 골방, 침침한 구석에서 다리를 펴지 못하며 일어서지도 못하고 돼지나 소처럼 그 자리에서 똥도 싸고 오줌도 싸고 또 그 자리에서 구르다가, 6년간 80여 명의 아이들에게 한 번도 자기 자리를 따라오지 못하게 했던 한 시대의 천재는 죽어 버리고 말았다. 그러나 그의 죽음을 그 누가 애석해 하였으랴. 이야말로 참 정말 원통한 일이 아닐 수 없다. 운명! 그렇다. 운명이란 어떤 위대한 힘이 자기 자신을 지배한다고 인식할 때 그 힘을 향하여 칭하는 말이다. 그러나 운명이란 단어가 있는 이상 이 단어를 굳이 사용한다면 ○○이야말로 불쌍한 운명의 소유자라고 아니할 수 없다.

고향이여! 푸른 벌판을 뚫고 나간 한오리의 신작로여! 역사의 바퀴는 앞으로만 돌아간다고 했다. 그런데도 불구하고 너는 대체 누구에게 주는 문명이기에 이런 일이 생기도록 방관하였느냐? 고향아! 한오리의 흰 신작로여! 눈물은 다른 나라 사람이라면 몇 백년간 흘릴 눈물을 우리들은 20-30년간에 다 흘렸다. 그러니 이제는 조선 사람들이 좀 웃으며 걷는 길이 되어 주려무나!

▼ 고실 마을의 현재 모습
(교회 왼편의 하얀 건물 근처에 저자의 어린 시절 집이 있었다)

▼ 마을에서 바라본 들길.
길 너머로 약 2km에 달하는 신작로가 이어진다.

영감님과 돌아오지 않는 아들

9월 6일

들건대 그때까지 그의 아들은 무소식이라고 한다.
비록 달아난 때는 그런 사정이 있었으나
십여 년이 된 지금까지 어째서 한 번도 오지 않을까?

영감님과 돌아오지 않는 아들
9월 6일

북위 50도에 위치하는 북쪽 지방이자, 소련의 한 변방 영토인 사할린에도 가을은 찾아오고 말았다. 각종 풀잎들이 점점 누런 빛을 띠기 시작 하였으며, 나무 잎들도 제법 누렇게 되었다. 때가 이른 가을이나 낮으로는 땀이 흐르게 더워도 밤이 되면 뼈가 저리게 춥다. 다행히도 천택天澤이가 자기 장모의 제사차 귀가하였기에 그의 담요 두 장을 가져다가 모두 넉 장을 덮었더니 그제와 어제는 밤에 그다지 추운 줄을 몰랐다. 나는 모두가 일터로 나간 후 통나무에 걸터앉아 옛날을 또 다시 회상하여 보았다.

치수致洙 영감님 –

일직선으로 쭉 뻗은 이 한오리의 신작로에서 그늘을 의지하고 커다란 가위를 쩔렁–쩔렁 흔들며 엿을 팔던 치수 영감님! 엿이 잘 팔리는 날에는 "울릉도 호박엿이요! 강원도 대추엿이요!" 하면서, 신바람이 나 아주 음악적으로 목청을 돋워 가면서 엿을 팔았지만, 엿이 잘 팔리지 않는 날에는 저 멀리 아들이 가 있을 북쪽 하늘에 뜬 구름 송이만 바라보며 담배쌈지가 닳도록 열었다가 닫았다가 하면서 그는 담배만을 피웠다.

그의 아들은 일곱 살 먹던 해부터 남의 꼴머슴으로 들어가 20년 동안이나 남의 집 머슴살이를 하였지만 조금도 생활 형편이 펴지지 않았을 뿐 아니라 점점 더 어려워져 갔으며, 그가 장가갈 때 진 빚의 이자만을 갚는 데도 급급하였다. 비록 배운 것은 없었으며, 남의 집 머슴살이로 청춘을 늙히는 그였으나 어딘지 남자다운 기상을 가진 그는 보리 사이 심기麥間作 면화 파종 감독을 나왔던 면서기를 개골창에 꼴아 박고 만주로 달아나 버리고 말았던 것이다. 그러나 웬일인지 그 후 십여 년이 되어도 소식이 없었으니, 젊은 청년들의 뒤 그림자를 바라보며 홀로 고독에 쌓인 눈물을 흘리는 치수 영감님의 심정은 얼마나 아픈 것이었을까? 만주로 간 아들이 소식이 없고 남편을 기다리던 며느리마저 도망을 가버리자 혈혈단신으로 고독한 그의 동무는 언제나 엿을 즐기는 우리와 같은 아이들이였다.

나는 한 번 참깨를 위에다가 흩어 놓고, 볶은 땅콩까지 여기 저기 박아 넣었으며, 붉고 푸른 물감이 칠해진 그 엿이 어찌나 먹고 싶던지 어머니 몰래 쌀을 한 되 훔쳐다가 그 엿을 사먹었던 것이다. 치수 영감님은 이 비밀을 탄로시키지 않을 것을 굳게 약속했건만 비겁하게도 이 약속을 저버리고 어머니에게 고발하고 말았던 것이다. 쌀을 훔친 죄로 어머니로부터 볼기를 사정없이 얻어맞던 날 이 치수 영감님이 어떻게나 밉던지 눈물을 흘리면서 그를 원망했건만, 그러나 내가 학교생활을 마치고 청진으로 떠날 때 무거운 트렁크를 자동차 정거장까지 져다 주며 "돈이 제일이니 돈을 제발 많이 벌어오라"고 눈물로 타이른 것도 치수 영감님이었다. 버스 차창으로 내다보니, 그는 흰 서리 같은 백발을 휘날리면서 나를 바라보고 있었다. 외동자식이 만주로 달아나서 소식이 없고, 며느리마저 도망을 가버리자 갑자기 수년 동안에 폭 늙어 버려 몇 년 전만 해도 흰 털이 드문드문 보이던 그의 머리도 아주 백발로 변하고 말았다.

나를 물끄러미 바라보는 폭 들어간 그의 두 눈에는 눈물까지 서렸고, 조용히 담배쌈지를 여는 손은 얼마간 떨렸으며, 흰 수염으로 덮인 입술은 부자연스럽게 비쭉 비쭉 움직였다. 나는 참지 못하여 운전대 쪽으로 휙 고개를 돌리고 흐르는 눈물을 주먹으로 닦았다. 자식이 없는 그는 나를 아들처럼 사랑하였고, 나 역시 그를 부모처럼 존경하였다.

한 사람은 나이가 칠십 전후인 사람이요 한 사람은 20세의 청년이다. 연령상으로 두 사람은 큰 차이가 있지만 이상스럽게 얽힌 정은 두 사람으로 하여금 서로 눈물을 흘리게 하였던 것이다.

자동차가 움직이기 시작하자 창문에서 "꼭 돌아오라"고 신신당부하던 그의 가슴에는 떠난 후 소식이 없는 아들 생각이 다시금 가슴 속에 뼈저리게 느껴졌으리라!

그 후 3년이 지난 후, 내가 고향에 다니러 이 한오리의 신작로로 돌아왔을 때, 치수 영감님은 아들의 이름을 몇 번이고 부르면서 마지막 세상을 떠났다고 한다. 죽음의 마지막 순간까지 양쪽 어깨가 쩍 벌어지고 늠름한 대장부이던 그의 아들이 얼마나 그리웠으며, 아들이 있을 때는 그렇게도 시아버지 공경을 잘 하던 며느리의 손길이 얼마나 그리웠을까? 손자를 안고 보리밥에 돌나물김치나마 며느리가 정성껏 해 온 저녁상을 받으며, 아들이 북두갈고리[26]같은 손으로 볏가마니를 척척 다루는 것을 보는 것이 다시없는 그의 소원이었으리라!

누가? 무엇이? 치수 영감님의 이 간절한 소원을 송두리째 빼앗아 갔을까? 묻지도 말고 말하지도 말자! 이미 알고도 남는 일인데 물어서는 무엇하리…

나는 귀향하던 그 이튿날로 제초라도 하려고 그의 무덤을 찾아 갔으나, 무덤 위에는 나비꽃 같은 보라 색 개나리꽃이 함박으로 피었기에 낫은 대지도 않고 술 한 잔 뿌려 놓은 다음 두 번 절하고서 집으로 돌아왔다. 듣건대 그때까지 그의 아들은 무소식이라고 한다. 비록 달아날 때는 그런 사정이 있었으나 십여 년이 된 지금까지 어째서 한 번도 오지 않을까? 나는 그때 그 아들을 죽여 없애고 싶도록 미웠다. 심지어 개새끼만도 못한 놈이라고 혼자 욕하였던 것이다.

그러나 이십여 년이 지난 지금 생각할 때 내 자신이 치수 영감님의 아들보다 나은 곳이 대체 어디일까? 죽음의 마지막 순간까지 아들의 이름을 부르고 또 불러도 소식이 없던 그 치수 영감님의 아들보다 나은 곳

---

26) 북두는 마소의 등에 짐을 얼러 맬 때 쓰는 줄을 의미하며 북두갈고리는 북두의 끝에 달려 북두를 얽어매게 하는 갈고리다. 나뭇가지나 쇠뿔로 만들기도 하고 혹은 쇠고리를 사용하기도 한다. 본문에서는 고된 일을 많이 하여 북두갈고리처럼 험상궂게 생긴 손을 의미한다.

이 대체 그 어디란 말인가?

그때 시절처럼 자유로이 왕래하는 것도 아니요 지금은 가고 싶어도 가지 못할 뿐 아니라 편지조차 할 수 없는 철의 장벽이 가로놓여 있다고는 해도 나 역시 칠순이 가까우신 부모를 고향에 남겨두고 온 몸이다. 나의 부모도 그때의 치수 영감님처럼 누구의 손목을 잡고 내 이름을 부르고 부르다가 돌아가셨을지도 모른다. 그러면 내 고향에 있는 어떤 청년이 그때의 나처럼 나를 죽여 없애고 싶도록 미워할 것이고, 또 개새끼만도 못한 놈이라고 욕할 것이다. 그러나 욕을 먹은 들 어찌하리 - 비록 환경은 그때와 다르다고 할지라도 결과는 그때와 마찬가지가 아닌가?

고향을 가고자 애태운 지 무릇 십여 년! 아무리 가고자 해도 가지 못할 두터운 철벽이 가로 놓여 있다. 차라리 이 철벽에 부딪혀 죽어 치워 버리고 말아 버릴까? 아니다. 죽음은 '무無'이다. 나는 어찌나 고향을 그리워했던지 아래와 같은 가요시를 다 지어 불러보았다.

"고향 부른다"

툰드라 바람 속에 몸을 맡기고
아까운 내 청춘이 시들어가네
밤바람 불탄거리 흘러 흐르는
신문지 마호라까[27] 아! 보라색 연기

----

27) 러시아어 마호르카(махорка)에서 왔다. 가지과의 1년생 식물을 뜻하나 그 잎과 줄기로 일종의 담배 대용품인 매운 담배를 만들어 피운다. 엽연, 혹은 송연을 신문지에 말아 피우는 담배를 연상시킨다.

오호츠크 해 바다우에 보는 저달은

내 고향 우리 부모 눈물이던가

가고져 가고져도 못가는 고향

오늘도 스라시태[28] 아! 밤비가 우네

이 마음 바다 물에 실어보내니

고향에 계신 님아 건져 보소서

사나이 가슴 문을 꼭꼭 닫고서

뜨거운 눈물 속에 아! 고향 부른다.

　진정 바늘 끝처럼 가냘픈 낭만주의적 작품이나 그러나 이것이 거짓 없는 내 마음의 진실인 것을 어쩌리…

　한오리의 신작로여! 고향의 길아! 너는 지금 보느냐? 일본에서 사할린에서 또는 다른 곳에서, 고향에 부모, 형제, 처와 자식들을 놓아두고 이역에서 우는 젊은이들의 눈물을 – 너를 밟고 걸어 고향의 품에 안기고자 하는 젊은이들의 애타는 이 마음들을 – 한 오리 신작로, 고향의 길아, 조선의 길아! 너는 정녕 조선의 길이거늘 그들이 조선의 품에 안기도록 하는 길이 될 수는 없단 말이냐? 조선의 아들인 이들을 맞아들이기 위하여 이쪽으로 쭉 뻗어줄 수는 없단 말이냐 그래?

---

28) 안녕하십니까를 의미하는 러시아어 здравствуйте (즈드라스브쩨).

▼ 오호츠크해의 일몰

▼ 오호츠크해의 일몰

달빛에 반사되는 눈물
9월 7일

인생의 정체를 해부하려는 것은 이미 철학이다.

김 군은 그때에 벌써 조선의 청년이면 누구나 한번씩

부딪힐 이 문에 부딪힌 것이다

달빛에 반사되는 눈물
9월 7일

　아침 일곱 시, 막 아침밥을 먹는데 부학제르(회계원)와 갓시-르(현금 출납원)가 84호 산판_{山坂 : 나무를 찍어내는 일판}에서 내려와 아침을 같이 먹었다. 박재순_{朴在純}의 능란한 외교술은 아반스_{선불금(仙佛金)}를 타도록 회계원을 설복시켜 모두 다 탄광 밖으로 내려가고 전원이 휴식하는 날이 왔다. 그러다 보니 쓸쓸하고 불결한 이 풍막에는 댕그랗게 나 혼자 만이 남게 되었다.

　이때 만약 천택_{天澤}이가 있었다면 어떻게든 이것을 조절하였을 것이고 일터로 나가게 하였을 것이다. 작업반장이라는 동화_{東樺}는 며칠 만에 한 번식 핑 왔다가는 가버리고 핑 왔다가는 가버리니 일을 조직할 사람이 있어야지, 조직자가 없는 일칸_{육체적인 일을 하는 칸(북한식 표현이다)}이란 심판 없는 축구 경기장이요 수업시간에 교원이 없는 교실이다.

　모두가 술이라면 다 좋아하는 터이요 아반스_{전대금前貸金}까지 탔을 터이라 분명히 오늘 저녁은 오지 않으리라 짐작은 하면서도 행여나 하여 저녁 준비를 해두었다. 어둠의 장막이 대지로 스며들자 몇 시가 되었는지 동쪽에서 보름달이 뜨기 시작한다. 내일이 만월인가 아직 다 차지 못하여 약간 기운 십오야_{十五夜 : 일반적으로 음력 보름날 밤을 의미하나 일본에서 추석을 칭하는 말}의 달은 불과 몇 시간이 지나지 않아 구름 사이를 뚫고 중천에 뜨기 시작했다. 저녁 때 비가 한줄기 오더니 비 끝에 돋는 달이란 더 한층 밝은 것 같고 몹시도 정다운 것만 같다. 비에 젖은 나뭇잎들은 달빛에 유난히도 반짝거리고 찌르륵 찌르륵 벌레 우는 소리가 들리며 시냇물에 비친 달그림자는 흐르는 물결로 말미암아 천 조각 만 조각 산산이 부서진다.

달! 그렇다, 유사 이래로 지금까지 비추는 저 달은 아메바로부터 사람으로까지 성장한 인류의 역사를 다 보았으리라! 밤이면 일정한 시간은 없다고 하여도 다정스럽게 우리를 찾아주는 너를 생명이 없고 어느 때는 이글이글 끓으며, 어느 때는 싸느랗게 얼어붙는 한 개의 유성이라고 보기엔 너무도 안타깝구나! 어느 때나 보름달은 한가지이겠지만 8월 보름, 추석이요 한가윗날의 달은 특별히도 정답고 다른 무슨 표현하기 어려운 감정을 내게다 준다.

달! 보름달아! 그 옛날 백마강白馬江 위의 저 달은 백제 삼천 궁녀의 눈물을 자아냈으며, 초한楚漢 시대의 저 달은 아방궁阿房宮에 타는 불빛이 하늘을 찌를 듯 솟아오르는 것을 보았을 것이고, 역사적 무인인 초패왕楚霸王도 우미인虞美人의 손을 잡고 저 달을 즐겼으며, 정복욕에 불타는 일대의 침략아 나폴레옹도 저 달을 보고서 "아! 어쩌면 이렇게도 아름다운 달밤이냐"하고 탄복하였다.

하이네는 저 달에게 연인의 소식을 부탁했으며, 정열의 시인 바이런은 저 달을 안고 조국을 소리쳐 불렀고, 악성 베토벤은 저 달을 보고서 〈소나타 무 인 라이트〉월광月光의 곡[29]을 작곡했으며, 우리들의 왕평王平이 한양 성벽을 거닐며 〈고성의 밤〉[30]이란 노래를 눈물로 부른 것도 저 달을 보고였으리라! 인민 시인人民 詩人 김립金笠의 〈월백설백천지백月白雪白天地白하니, 산심야심객수심山深夜深客愁深〉[31]이나 이태백李太白의 〈아미산월반륜추 영입평

---

29) 베토벤(Beethoven)의 피아노 소나타 제14번 c# minor 「월광月光」(Sonate fur Klavier No. 14 'Mondschein' Op.27-2를 말한다. 〈소나타 무인 라이트〉는 Sonata Moonlight를 옮긴 것으로 보인다.

30) 〈고성(古城)의 밤〉은 1930년 가을에 발표된 노래로 우리에게는 〈황성(荒城)의 적(跡)〉 즉 〈황성옛터〉로 더 유명하다. 왕평은 1930년대 연극인으로 유명했던 이응호(1908-41)의 호로 〈황성의 적〉의 작사가이다. 전해지는 바에 따르면 〈황성의 적〉은 1930년 가을, '취성좌' 극단의 단성사 공연 중 연극 막간무대에서 전수린의 반주로 이애리수가 불렀다고 하며 이곡은 우리나라 창작 대중가요의 효시로 꼽힌다. 황성은 폐허로 무너진 고려의 수도 개성을 말하며 노래의 내용은 개성 만월대의 풍경에 빗대어 일제 강점기 우리 민족의 애환을 자극하는 것이어서 당시 관객들이 흥분하여 큰 소동이 벌어졌고, 작곡가 전수린과 작사가 왕평이 종로서에 끌려가 하룻밤 동안 취조를 받고 풀려났을 정도로 반향을 일으켰다고 한다. 1932년 4월, 빅터레코드의 신보로 〈황성의 적〉이 발매되자 삽시간에 5만 장이 팔려나갈 만큼 인기를 끌자, 총독부는 '발매금지' 및 무대연주 중단 조치를 취했다. 일제의 발매금지에도 불구하고 〈황성의 적〉은 사람들의 애창곡이 됐고, 일본인들 사이에서도 애호곡이 되면서 '조선의 세레나데'로 알려졌고, 1933년 3월에는 포리돌레코드에서 '비극의 여왕'으로 유명세를 탔던 가수 이경설(李景雪)의 노래로 〈고성의 밤〉이란 제목을 달고 다시 발매되었다.

31) 김립은 김삿갓으로 유명한 김병연이다. 저자가 언급한 시에 대해 전하는 바에 따르면 어느 해 겨울 금강산에 들어간 방랑시인이 머물게 된 한 절에서 스님과 시 짓기 내기를 하며 밤새 주고받은 시의 한 구절이라고 한다. 스님이 먼저 月白 雪白 天地白 '달도 희고 눈도 희니 천지가 다 희구나'라고 하니 시인이 정처없이 방랑하는 자신의 심정을 山深 夜深 客愁深 '산도 깊고 밤도 깊으니 나그네 마음에 서러움도 깊어라'라고 답하였다고 한다.

강강수류蛾眉山月半輪秋　影入平江江水流〉32)이며 황녹차黃綠此33)의 〈백구비 백구비白鳩飛　白鳩飛하니 파만경 파천리波萬鏡　破千里요, 두견제 두견제杜鵑啼　杜鵑啼하니 야삼경 화일지夜三更　花一枝34)라〉 같은 절구絕句35)들도 오늘과 같은 달밤에 나온 것일 것이다.

　예로부터 지금까지 수많은 시인들이 있으되 그 누가 저 달을 노래하

---

32) 중국 시인 이백(李白)이 지은 峨眉山月歌(아미산의 달 노래)의 도입부다. 인용된 구절의 의미는 아래와 같다.

峨眉山月半輪秋 (아미산월반륜추)　가을밤 아미산(峨眉山)에 나온 반달은
影入平姜江水流 (영입평강강수류)　평강(平羌) 강물에 떠 흐르고.

어메이(峨眉, 아미)산은 사천성(四川省) 아미현(峨眉縣)에 위치하며 두 봉우리가 우뚝 마주보고 솟아 마치 아름다운 여인의 초승달 같은 양쪽 눈썹 같다고 하여 아미산으로 칭하게 되었다. 아미산은 중국에 불교가 전래되기 전에 도교의 성지였으나 높이 3천 미터가 넘는 정상에는 항상 차가운 기운이 감돌고, 늘 구름과 안개에 덮여 있어 '불광(佛光)' 즉 브로켄(brocken) 현상이 나타나므로 불교가 들어온 후 곧 불교의 성지로도 추앙을 받아 자연이 잘 보존되어 현재는 인근의 樂山大佛(낙산대불)과 함께 유네스코 세계 복합유산으로 등록되어 있다. 平羌江(평강강)은 여산현(廬山縣)에서 흘러 아미산을 안고 돌아 민강(岷江)과 합하는 강이다. 이어지는 시와 연결해보면 '아미산 협곡에서 쳐다보는 가을 달은 가파르게 솟은 산에 가리어 오직 반쪽밖에 보이지 않지만 달그림자는 평강의 강물에 잠겨 비치며 함께 끝없이 흘러가고 있다. 그리하여 나(시인)는 밤에 배를 타고 청계를 떠나 삼협(三峽)으로 향하며 밝은 달을 보고자 하나 끝내 보지 못한 채로 어둠 속 협곡을 타고 투주[渝州, 유주-지금의 중경(重慶)]로 내려간다'는 내용이다.

33) 조선 후기의 시인. 본관은 장수(長水). 자는 사언(四彦), 호는 녹차거사(綠此居士) · 한안(漢案) · 동해초이(東海樵夷) · 녹일(綠一) 등이다. 1816년(순조 16)에 경남 함양(咸陽)에서 태어났다. 황오(黃五)가 본명이며 녹차는 그의 아호이다. 그 뜻은 압록강의 푸를 록(綠)자를 따고 이를 차(此)를 붙여서 압록강 이남에는 나를 따를 자가 없다는 의미라고 한다. 그의 저술인 『황녹차집(黃綠此集)』을 살펴보아도 그의 정확한 행적은 알 수 없고, 다만 '10대에 사서를 외우고 20대에 한양에 올라와 벼슬에 뜻을 두었으나 이루지 못하였고 30대에 명산대천을 유람하고 40대에 집으로 돌아왔다'는 기술을 통하여 그의 인생의 대략만 알 수 있다. 그의 뛰어난 문장력은 당대의 사대부들 사이에 두터운 교분을 쌓는 중요한 요인이 되었다. 그와 교류한 문인들로는 김정희(金正喜), 조두순(趙斗淳), 김병연(金炳淵), 김병학(金炳學), 신석우(申錫雨), 박규수(朴珪壽), 조재응(趙在應) 등이 있다.

34) 흰 갈매기 날고 흰 갈매기 나니 파도는 만경이며 물은 천리요, 두견새 울고 두견새 우니 밤은 삼경인데 꽃은 한 가지라.

35) 한시(漢詩)의 근체시(近體詩) 형식의 하나. 기(起) · 승(承) · 전(轉) · 결(結)의 네 구로 이루어졌는데, 한 구가 다섯 자로 된 것을 오언 절구, 일곱 자로 된 것을 칠언 절구라고 한다.

지 않은 이 있으며, 수많은 화가들이 있으되 저 달을 종이 위에 나타내지 않은 이 있으리… 달, 보름달, 투명한 가을 공기 속에 희다가 못하여 새파랗게 비춰주는 저 달!

수양버들 드리운 냇가에 꾀꼬리처럼 나란히 앉은 청춘 남녀가 달콤한 사랑을 속삭이는 것도 저 달은 보았을 것이고, 목숨으로 사랑을 약속하였건만 멀리 이국으로 떠나간 후 소식이 없는 남자를 쓸쓸히 회상하며 삼단 같은 머리숱이 많고 긴 머리를 의미하는 관용구를 드리운 채 시냇가에 앉아서 우는 불쌍한 처녀의 실연의 눈물도 보았을 것이다.

방안에 불을 끄고 창에 비친 달그림자를 바라보며 앞날의 행복한 설계도를 작성하노라 밤새는 줄 모르는 신혼부부의 희망에 찬 이야기도 저 달은 엿들었을 것이며, 돈을 벌어서 잘 살겠다고 남편이 사할린樺太모집을 떠나간 후 십여 년이 되어도 소식이 없어 커가는 아이들의 잠꼬대를 들으며, 달빛을 의지하여 삯바느질을 하면서 땅이 꺼지게 한숨을 쉬는 과부의 설움도 보았을 것이다.

밤일 나간 아내를 마중하려 경쾌한 발걸음으로 아내의 직장 문을 두드리는 남자를 저 달은 보았는가 하면, 콘크리트 다리로 들어서는 어귀에서 자기를 버리고 달아난 아내의 이름을 부르며 통곡하는 남자의 설움도 보았을 것이다. 일 갔다 온 괴로운 몸을 책상에 의지하고 자습에 열중하는 근면한 청년을 저 달은 보았는가 하면, 녹초가 되게 술을 먹고 남의 집 울타리에 쓰러져 드르렁 드르렁 코를 고는 주정꾼도 저 달은 보았을 것이다.

도박하러 간 남편이 없는 틈을 타서 자기보다 나이 어린 총각과 산비탈에서 바람을 피우는 여인네를 저 달은 보았는가 하면 전등불 밑에서 산판에 간 남편의 겨울 내복을 정성스레 다림질하는 착한 아낙네도 엿보았을 것이다.

어쨌든 저 달은 과거에는 물론, 현재에나 미래에나 지구의 표면에서 밤의 어둠을 이용하여 발생하는 모든 선행이나 죄악, 비애나 희열, 애수나 동경, 희망이나 체념, 기타 역사를 엮는 인류들의 가지각색 사건들을 다 보고 있으리라!

나는 달을 물끄러미 쳐다보며, 스며드는 고독의 파편 속에서 눈앞에 서리는 추억의 실마리를 슬며시 풀기 시작하였다. 어린 시절 아무것도 모르면서도 달밤이면 공연히 마음이 설레어 집에 붙어 있지 못하고 밖으로 내달렸다. 한오리의 신작로는 달 밝은 밤이면 유난히도 더 하얗게 보였고, 위강渭江 강변 모래밭에는 어른이나 아이들 할 것 없이 달 구경 삼아 사람들이 흰 자갈처럼 모이는 것이었다. 남자 어른들은 짱[36]이라는 골프와 같은 일종의 놀이도 하였고, 씨름도 하였으며, 줄 당기기도 하였다. 여자들은 손과 손을 맞잡고 〈쾌지나 칭칭 노-세〉를 부르며 흥

---

36) '짱'이라고 표현된 이 놀이는 장(杖)치기를 말하는 것으로 나무 막대기로 공을 쳐 구멍에 넣는 방식의 놀이라는 점에서 오늘날 골프와 비슷하다. 말을 타고 장시(杖匙)라는 채를 이용하여, 나무공(毛毬)을 쳐서 일정한 거리에 있는 구문(毬門)에 넣는 전통 놀이인 격구에서 유래한 것으로 추정된다.

겹게 놀았다.

내가 중학교 3학년, 여름방학을 이용하여 집에 왔을 때 소학교 동창생인 김상옥金相玉이와 영원히 이별하게 된 것도 오늘처럼 달 밝은 밤이었다. 집이 가난하여 중학교에 못 가게 된 그는 면사무소 급사 노릇을 하면서 중학 강의록을 몇 번이나 통독하였고, 옛날 서울 조선총독부란 곳에서 치르는 중학교 졸업 정도의 자격시험인 전검시험專檢試驗[37]에 여섯 과목을 합격하고 나머지 여섯 과목만 합격하면 당당히 중학교 졸업생과 어깨를 나란히 할 입장에 있었던 것이다.

책을 좋아하는 그는 무슨 책이고 밤을 새워가며 읽었고, 나보다 일찍 사회로 나선 그는 의리라는 외투를 능청스럽게 입고서 거짓을 사고 거짓을 팔아 삶을 연속시키기에 몰두하는 어른들 생활의 뒷면을 보았고 〈이利〉를 위하여서는 〈피〉도 대수롭지 않게 끊어 버리는 현상이나 깨끗해야 할 피의 흐름도 〈이利〉의 침입으로 말미암아 자주 흐리는 추악한 인생의 일면을 똑똑히 보았던 것이다.

이렇듯 그는 일찍 세파에 시달려서 공부 이외에는 아무것도 생각할 줄 모르는 내 머리와 비교하여 몇 미터나 앞선 그런 사람이었다. 그러나 그는 당시의 정치적 제약과 사회적 조건하에서 언제나 도전적인 자리에

---

37) 전검은 오늘날 대학에 해당하는 전문학교에 입학할 수 있는 자격을 확인하는 고시로 오늘날의 검정고시 중 하나라 할 수 있다. 이 말은 1903년 일본 문부성령으로 공시된 專門學校 入學資格 檢定規定에서 유래했으며, 조선에서는 1925년에 조선총독부가 서울과 평양에서 처음 실시했다. 우리나라 검정고시제도의 유래인 셈이다. 당시의 시험과목은 남자가 12과목으로 修身, 체육, 국어, 한문, 역사, 지리, 수학, 물리, 화학, 博物, 외국어(영어, 불어 독어 중 택일) 등이었고 여자는 9과목으로 修身, 체조, 국어, 지리, 理科, 가사, 재봉, 수학, 역사 등이었다.

있었던 사람이지 부도덕과 타락을 환경에만 미루는 그런 약자나 궤변가
는 아니었다.

　무더운 어느 여름 날, 마을 뒤 그리 높지 않은 벌뫼봉에 올라가 째지
도록 밝은 달빛 아래 하얀 신작로를 바라보며, 나는 김군과 더불어 시
원한 공기를 마시며, 밤을 즐기려고 하였던 것이다. 그러나 슬픈 그 무엇
이 우리를 휩싸고 도는 것 같은 밤이었고, 마을 앞 위강의 강물도 바위
에 부딪혀서 목이 메어 흐느껴 우는 것 같은 그런 신산한 밤이었다.

　갑자기 김 군은,

　　〈이애 류 군! 나는 지금 생각해 보고 있는 중이다〉

라고 하였다.

　　〈뭘 말이냐?〉

하고 나는 슈베르트의 자장가를 하모니카로 불면서 무심히 대답하였다.

　　〈눈물의 맛이 어떤가를 말이다.〉
　　〈??〉

　놀라서 김 군의 얼굴을 바라보니 팔짱을 끼고 달을 바라보는 그의 얼

굴은 희다가 못해 푸른빛이 났으며, 눈에서 흘러내리는 눈물만이 달빛에 반사되어 반짝였다. 나는 아무런 대답도 못하고 어안이 벙벙하여 그의 얼굴만 쳐다보았다. 그보다 나이 두 살이나 아래요, 학교생활만 하던 내게 있어서 이처럼 어려운 그의 말에 대답을 찾으려야 찾을 리 만무했던 것이다. 어머니를 일찍 여의고 어릴 때부터 그리 온순치 못한 의붓어머니에게서 자라난 그에게는 나와는 판이한 그 무엇이 있었던 것이다.

⟨나는 가겠다.⟩

하고 내려가던 그의 뒤 그림자에는 슬픈 선이 흘렀고, 휘청거리는 그의 다리는 마치 허공을 밟는 것 같았건만 나는 그를 만류할 말이나 그를 위로할 아무런 말도 찾지 못하였다.

김 군은 그 다음 사흘이 지난 후 일정량 이상의 칼모진[38]을 먹고서 ⟨인생 불가해人生 不可解⟩라는 다섯 글자의 유언을 남긴 채 세상을 향한 선전포고와 함께 저세상에 가버리고 말았다. 학교를 졸업한 후에야 비로소 나도 이런 문제들에 부딪혔지만 인생의 정체를 해부하려는 것은 이미 철학이다. 김 군은 그때에 벌써 조선의 청년이면 누구나 한번씩 부딪힐 이 문門에 부딪힌 것이다.

당시에 있어서 지나친 정치적 제약과 사회의 제도는 모순 속에 쌓여서

---

38) 1920-30년대 조선에서 최면제로 쓰이던 약의 하나. 짤, 베로날 등과 함께 신경쇠약 환자에게 처방되곤 했으나 그 중독성으로 인해 자주 자살 수단으로 이용됨으로써 문제가 되곤 했다.

세상을 의심의 눈으로 바라보는 청소년들에게 아무런 해법도 열어주지 않았다.

일제의 식민지 정책 – 이 너무도 큰 힘을 가졌던 사회상은 조선 청년들로 하여금 지나친 소극성을 키워냈으며, 구슬픈 체관諦觀 : 본체만체 하는 것과 단념만을 전용도구로 가지게 하고 말았으니 이 김 군과 같은 길을 걸은 청년들이 어찌 한두 사람뿐이랴! 수술을 필요로 하는 사회를 수술할 힘이 없는 그들은 그 썩은 고름 속에 잠기기가 싫어서 깨끗한 몸 그대로 죽음을 택한 것이다. 물론 이것은 약자임에는 틀림이 없다. 그러나 어떻게든 수술을 해보려는 강한 사람만은 못할지라도 그 썩은 고름 속에서 히히거리는 사람보다는 훨씬 고결한 사람이라고 아니할 수 없는 것이다.

달은 점점 밝아지고 솜 덩어리 같은 구름은 흩어지기 시작하건만 김 군을 회상하는 내 마음은 조금도 명랑해 지지 않는다. 저 달이 비치는 내 고향에는 지금쯤 이런 비극이 생기지나 않는지?

고향아! 아 한오리 신작로여! 너는 제2, 제3의 김상옥이가 생기지 말도록 조선 사람이 걸을 똑 바른 길이 되여 다고나!

▲ 일제시대 청진항

미스터 주(Mr. 朱)

9월 8일

쫓기면서도 계속하고, 넘어졌다가는 또 일어서고,
죽으면 또 다른 사람이 대신 들고 일어서는 이 정신은
커다란 분류처럼 조선인들의 가슴 속에 흘렀기 때문에
오늘의 조선이 있는 것이 아닐까?

미스터 주(Mr. 朱)
9월 8일

산중 생활도 오늘이 여드레째 – 집에서 이불을 가져왔다. 이제 오늘부터는 좀 추운 것을 면할 수 있을 것이다. 옛날 분들이 세월을 유수流水 같다고 하더니 과연 참 빠르기도 하지 어느덧 8일간이라는 시간이 흘러갔다.

댕기 풀을 뜯어서 풀각시를 만들고, 개나리를 뜯어서 꽃수레를 만들던 소꿉놀이 시절이 어제와 같더니, 위대한 힘을 가진 시간이란 자는 나를 40이라는 고개까지 끌고 오고야 말았다. 공간을 지키는 자, 사람을 죽음의 길로 보내는 때의 계산자인 이 시간이야말로 사실 위대한 힘을 가진 자인 모양이다. 무한한 공간과 영원한 시간, 여기에 반항할 자 누가 있으랴! 그러나 시간이라는 게 만약 존재하지 않는다면 잠과 죽음 사이에는 전혀 한 치의 거리도 없을 것이다.

모든 사람들이 일터로 나간 후, 세수를 하기 위하여 냇가로 나가니 등이 뾰족이 올라오고 주둥이가 낚시처럼 꼬부라진, 그리고 바싹 여윈 송어가 한 마리 그래도 있는 힘을 다하여 기어 올라간다. 올라가면 어디까지 올라갈 것인가? 알도 다 쏟고 제 할 일을 다 한 이 송어는 죽을 곳을 찾아 올라가는 것이다. 창으로 찔러 잡으려다가 나는 그만 두고 말았다.

이제 겨우 나이 23살인 작업반장 동화_{東樺}는 어제 술을 너무 마셔 머리가 아프다며 풍막 안에 누워 있다.

나는 그를 볼 때 문득 지난 날 내 나이가 스물 둘, 스물 셋 하던 그때 시절을 회상하여 보았다. 1937년 내가 22살 먹던 해 이른 봄에 나는 치수 영감님의 전송을 받으면서 그 한오리의 신작로를 밟아 청진으로 향하였던 것이다. 이때의 청진 부_府는 공업도시로 눈부신 활약을 하였으니 일본인들이 청진을 일본의 쓰루가_{敦賀}에서 만주로 향하는 관문 항구로 개척은 했지만 산비탈에 다닥다닥 판자 집들이 붙어 있는 원래의 청진부는 구_舊청진이라 일컬었고, 중국 침략을 앞둔 일본이 고무풍선처럼 〈팽창〉하는 때이라 포항동_{浦項洞}을 비롯하여 수남_{水南}, 어항_{漁港}, 송평_{松坪}으로 거대한 지역에 눈부신 발전을 시작하여 청진과 수성_{輸城}, 나남_{羅南}이 한 덩어리로 변하는 장관을 이루었다.[39]

정어리 벼락을 맞은 어항에, 수수천명의 노동자를 거느린 일본수산, 조선 유지_{油脂} 등을 비롯하여 일본방직, 미쓰비시_{三菱}제철 등은 활발히 일을 하는 길이었고, 또 다시 송평_{松坪}과 농포동_{濃浦洞} 일대에 그 주위 20킬

---

39) 일제강점기 청진 발전에 중요한 계기는 함경선과 청회선 철도의 개통에 따라 청진이 간도 방면의 물자 수출입항으로 각광을 받게 됨으로써 1921년부터 시작된 대대적인 축항 공사였다. 이후 1930년대에 들어서면 배후지의 무산철산(茂山鐵山)이 개발됨으로써 3대 제철 공장을 비롯하여 방직·기계·유지·통조림 등의 각종 공장이 건설되어 청진은 중공업 도시로서도 비약하였다. 이에 따라 항만시설도 본항 이외에 어항 부두와 일철 전용부두가 축항되는데 본문이 바로 이 시기를 회고하고 있다. 이후 청진은 1943년에 부령군 청암면 일부와 경성군 나남읍과 용성면을 편입시킴으로써 함경북도의 중심 도시가 되었으며 전국 4대 도시의 하나로 비약하였다.

로미터를 가진 일본제철 청진체철소가 1억 6,000만 엔의 공사비로 신설 중이었으니, 사실 수만 명의 노동자들이 욱실거리는 판이었다. 이 중에서도 묻지 않아도 갑자생[40]으로 일본인들은 전부가 지도 계급에 서 있었고 일선에서 일하는 대부분은 조선 사람이었으니, 이 수만 명의 조선 사람은 지역별로 보아서도 북으로 만주를 비롯하여 남으로 제주도 끝까지 별별 곳으로부터 다 왔으며, 직업별로 보아서도 각계각층의 별별 사람들이 다 모여 있었다.

이런 사람들 속에서 나는 토목과 재료계材料係 사무원으로 있었으며 월급도 야근 수당까지 합하면 90엔 가까이 받았으니, 코가 높아질 수밖에 없었던 것이다. 당시 아직 나이 어려 철없던 나는 송평松坪여관에 한 달에 30엔을 주고 방을 한 칸 빌려 있었으며, 어지간히 잘난 체하며 사무원의 티를 내느라 직공들은 물론, 삽으로 콘크리트를 비비는 사람이나 지개군의 한산인부閑散人夫: 일정한 일자리가 없이 날품을 파는 인부며 날삯꾼들을 엄청나게도 멸시하였던 것이다. 그러나 '나는 그래도 중학교를 졸업하였으며, 적어도 일본제철의 사무원인데-' 하는 턱없던 내 자부심도 점점 그 자취를 감추지 않을 수 없었으니 그것은 주복산朱福山이란 동무를 안 다음부터였다.

---

40) '묻지마라 갑자생(甲子生)'은 우리 속담의 하나로 뻔한 질문을 할 때 '물어보지 않아도 그 정도는 안다'는 의미로 쓰이는 말이었다. 육십갑자(六十甲子)의 첫해인 갑자년(甲子年)에 태어난 갑자생들은 대부분 우수하여 이름난 사람들이 많다는 것에서 유래한 말이었지만 일제 식민지 말기에 들어오면서 그 의미가 변하게 된다. 즉 일제는 전쟁에 필요한 노동력, 병력으로서 조선의 젊은이들을 동원하게 되는데 갑자년, 즉 1924년을 전후한 젊은이들이 바로 적절한 나이였기 때문에 이들을 징집 등 강제동원의 대상으로 삼았다. 이렇게 하여 '묻지마라 갑자생'은 일제강점기 강제동원의 피해를 상징하는 의미를 갖게 된다.

자개돌_{납작납작한 작은 돌}이 바람에 날린다는 청진 특유의 봄바람도 좀 멎
고 가로수인 포플러 잎이 제법 난들거리는 어느 날, 여관의 내가 머물던
방 바로 옆방에는 이름은 모르나 '문_文'이라는 성을 가진 사람이 혼자 있
었으니 그는 하타구미_{八多組}라는 도급 조_組에 속한 1엔 20전짜리 날삯꾼
이었다. 그러면서도 밥값이 싼 하숙으로는 가지 않고 이 여관에서 비싼
하루에 1엔짜리 밥을 사먹는 그를 월급 90엔을 받는 나로서는 이해할
수 없는 일이었다. 하루치 삯은 1엔 20전이지만 한 달에 이틀인 공휴일
을 빼놓으면 밥값과 담배 값에 겨우 목욕비가 남을까 말까이다. 어지간
히 이상하게 생각은 하였으며 간혹 그의 방에서 기타 소리가 들리기는
하였으나 나는 할 수 없어 날삯꾼 노릇이나 하는 무식한 사람이거니 하
고 마음속으로 멸시감을 가지고 있었던 것만은 사실이었다.

그러나 어느 공휴일, 나는 내 방에서 미닫이를 사이에 둔 그의 방에
서 나는 기타 소리를 듣노라니 또 다시 의혹이 떠올랐다. 내가 아무리
음악을 잘 모른다지만 그의 기타 소리는 결코 금방 배운 서투른 것도
아니요 값싼 유행가도 아니었으니, 어려운 건지 쉬운 것인지는 모르나
기타 특유의 멜로디를 들으면 상당히 복잡한 곡임에는 틀림이 없는데
저런 곡을 띄우는 사람이 사실 무식할 수 있을까? 그러나 나의 이런 의
심은 단번에 해명되고 말았으니, 그것은 웬 사람이 그를 찾아와서 문을
두드리면서

〈미스타 ― 문(文)!〉

하고 부르는 것이였다. 그러니까 문(文)이라는 사람은 또한 영어로

　　〈누가 나의 음악의 신비경에 있는 마음을 흔드느냐?〉

고 물었고 찾아 온 사람도 역시 유창한 영어로

　　〈미안하지만 그 신비경에 같이 좀 쌓일 수 없느냐?〉

고 대답하였다. 그러자

　　〈미스타 주(朱)! 카므인(Come in)!〉

하는 문文이라는 사람의 소리를 듣자 나는 그만 진정으로 놀라고 말았다. 그다음 나는 그 옆방의 대화에 귀의 신경을 총동원하였지마는 웃으며 이야기하는 그들의 대화에는 영어의 어려운 단어들이 많아서 잘 이해하지 못하였다. 나는 참다가 못하여 미닫이를 두드리고 그들의 방에 들어갔으나 문씨와 통성명은 없었지만은 아침저녁으로 인사를 나누는 사이라 새삼스럽게 통성명을 하지 않았고, 찾아 온 손님과는 통성명을 하였는데 검정 명주 바지저고리를 입은 그는 주복산朱福山이라고 하였으며, 그의 앞에는 영국 런던 캬−베리크 서점에서 출판한 셰익스피어의 '로미오와 줄리엣'이라는 책이 빨간 표지를 한 채 놓여있었으며 두 사람이 다 나보다는 나이 훨씬 위였다.

나는 이렇게 하여 주복산朱福山이란 인물을 알게 되었으며, 2개월 남짓 그와 상당히 다정스러운 친교를 맺었다. 그러나 그는 한 번도 자신의 과거에 대해서나 미래에 대하여 이야기 한 적이 없었으며, 다만 나의 일기책을 본 그는

<살려고 애를 쓰며 희망과 생(生)이 약동하는 당신의 일기장을 보니 상당히 부럽구려! 나는 류 군의 일기장에서 또 하나 다른 것을 배웠소.>

라고 하였고, 어째서 그만한 자격을 가지고 날삯 일을 하느냐고 내가 물었을 때 그는

<사람은 경우에 따라 무슨 일이던지 해야 되오. 그래 류 군은 직업을 가지고 사람을 평가할 작정이요?>

라고 하였다. 그 후부터 나는 사실 그가 말한 것처럼 직업으로 사람을 평가하지 않도록 노력했으며, 또 그 당시는 그렇게 멸시를 하지도 못했으니, 그것은 그가 말한 것 같은 정신에서가 아니라, 날삯꾼이나 직공들 속에 또 이 주복산朱福山이나 문씨文氏같은 분들이 있을까 두려워서 그들을 멸시하지 못했던 것이다. 또 어느 때인가 기생들에 대한 말이 났을 때 그는

라고 하였으나 당시 22세의 청년이던 나는 그의 말을 완전히 이해하지 못하였다.

그해 5월 28일이었다. 이날은 내 생일이었으며, 송평여관으로부터 어느 하숙집으로 집을 옮긴 나는 두서너 동무와 주인의 호의로 이날을 기념하기로 하였으니, 나는 이날 주복산 동무를 청했고, 또 그는 바이올린을 들고 나를 찾아 왔었다. 술을 몇 잔(盞)하여 얼근해진 그는

하고는 무슨 알지 못할 어려운 서양 음악을 켜는 것이었다. 그러나 음악을 이해 못하는 저속한 귀를 가진 나는 이 이름 있을 유명한 곡을 거절하고 조선 민요들을 부탁했더니 그는 양산도며 아리랑, 노래 가락 등을 멋지게 켜주었다.

이날 밤, 깊은 학문도 없으면서도 모든 일에 아는 체하는 이종호(李鍾浩)와 무슨 논쟁을 한 그는 이런 말을 한 것이 지금도 내 귀에 쟁쟁하게 남아 있다.

〈그렇지만 말이요, 사회에는 무수한 계급의 선線이 있는 것이요, 제일 낮은 선에 있는 것이 1원 20전짜리 날삯꾼인 우리 같은 사람이고, 제일 높은 선에 있는 것이 당신 말과 같이, '요내우찌 미쓰마사'당시 일본 내각총리대신 米內光政[41) 같은 작자이지요. 그 사이에도 물론 무수한 선이 있지만은 – 그러나 제일 높은 선 이상의 짓을 하면 감옥에 가야 되는 것이고 제일 낮은 선보다 더 낮은 짓을 하면 정신병원에 입원해야 되는 이 사실은 어쩔테요?〉

무엇보다도 그 당시의 사회를 여실히 말한 말이다. 그러나 그 말의 깊은 뜻을 나는 수년 후에서야 알았지 그 당시에는 잘 몰랐던 것이다. 그 날 밤 동무들도 어지간히 헤어진 후 술이 몹시 취한 그는 조끼를 입는다는 것이 잘못하여 주머니 속에서 무엇이 주르르 떨어지는데 나는 거기에서 명함과 명함형 사진을 주워 보았다. 명함에는 중앙일보사 기자 주덕朱德 무엇이라고 써 있는데 그가 어찌나 날쌔게 빼앗던지 제일 아래 글자는 보지도 못하였다. 그러나 그의 사진에는 깨끗한 양복을 입고 어

---

41) 요나이 미쓰마사(米內光政, 1880~1948)는 일본 군인 출신으로 연합 함대 사령장관, 해군 대신, 일본 총리 등을 역임했다. 해군대학을 거쳐 1914년에 러시아의 주재무관으로 파견 되었던 그는 야전과 참모직을 두루 거치며 해군에서 신망을 얻어 1937년 4월에 대장으로 승진해 1939년까지 해군대신의 자리에 머물러 있었다. 그는 일본, 독일, 이탈리아의 삼국 동맹을 반대하고 미영과의 협상을 선호하여 당시 극단주의자들의 몇 차례에 걸친 암살의 표적이 되기도 하였다. 1940년 1월 6일 그는 예비역으로 물러나면서 37대 총리에 취임하 여 친미, 친영 정책을 취하였으나, 삼국 동맹을 선호하는 육군의 압박으로 그해 7월 사임 하였다. 태평양 전쟁 개전 이후 별다른 활동이 없이 지내다가, 1944년 7월 다시 현역으로 복귀하여 해군대신에 기용되었고, 해군대신으로서 스즈키 간타로(鈴木貫太郎), 외무대신 도고 시게노리(東郷茂德)와 함께 일본의 무조건 항복을 요구한 포츠담 선언의 수용을 강 력히 주장하여 관철시켰다. 패전 이후 그는 도쿄 재판에 증인으로 출석하여 일왕이 불기 소되도록 노력하던 중 1948년 폐렴으로 사망하였다.

린 아이를 안고 선 그와 파라솔을 든 젊은 여인의 사진이 서울 파고다 공원_{현재의 탑골 공원}을 배경으로 한 것이었다. 부인이냐고 물었을 땐 고개만 끄덕였으나 무슨 일을 하는가고 물었을 땐 입가에 쓴 웃음을 지으며 자기 때문에 유치장 신세를 지고 있는지도 모른다고 하였다.

이러고 보니 그의 본명은 절대로 주복산이 아니라 주덕_{朱德} 무엇이었고 그 전에도 무슨 남다른 과거를 가진 사람이라고는 짐작하였으나, 그런 간단한 것이 아니라 상당한 비밀을 가지고 경찰의 눈을 피해 다니는 사람에 틀림없었다. 이렇게 경찰의 추격을 받는 그가 어떠한 일을 하였는지 비밀을 지키는 그인지라 나는 모른다. 그러나 그가 말하는 것이나 또는 고상한 그의 품성으로 보아 협잡꾼이나 사기꾼은 아니었을 것이니, 민족해방운동에 참여했을 것만은 사실이리라! 그래서 지금 국경 쪽을 향하여 피하는 길이었으리라! 지금 생각하니 나와 그렇게 다정스럽게 지내면서도 끝내 자신의 비밀을 이야기하지 않음은 그의 높은 정치적 경각성이었을 것이고, 나를 또 그런 방면으로 교육시키지 않음은 무엇이 무엇인지도 모르고 그저 출세욕에만 불타는 나이 어린 나를 짧은 시일에 교육시킬 수 없었음이리라!

얼마가 지난 후 어느 날 그는 돌연 나를 찾아와서 돈을 25엔만 꾸어 줄 것이며, 유카다_{浴衣 : 일본식 실내복}와 게다_{下駄 : 일본 나막신}를 좀 빌려 달라고 하였다. 웬일인가고 내가 물었을 때 그는 검정 명주 바지저고리를 입은 바이올리니스트를 개들이 주목하기 시작하였으니, 이곳을 피해야 되는

데 변장을 해야 된다는 것이다.

나는 두말없이 가슴속에 어떤 불안을 느끼면서 그가 요구하는 대로 주었더니, 그는 내 손을 굳게 잡고선 종적을 감추었다.

나흘 후 나진의 송남정松南町이라는 곳에서 안부는 물론 앞 뒤 인사말도 없이 손가락 같은 인쇄지 쪽지에다 무사히 도착했다는 딱 한마디만 쓴 편지를 보내온 이후 나는 이제까지 그의 거처도 모른다. 혹시 잘못 되었는지? 또 무사히 자기 목적지까지 갔는지 나는 모른다. 그러나 그가 하던 이 정치운동이 그 당시에는 물론 성공하지 못했다 하여도 그것을 어찌 헛된 일이라고 하겠는가? 쫓기면서도 계속하고, 넘어졌다가는 또 일어서고, 죽으면 또 다른 사람이 대신 들고 일어서는 이 정신은 커다란 분류奔流 : 내달리듯이 아주 빠르고 세차게 흐르는 물줄기. 또는 그런 흐름처럼 조선인들의 가슴속에 흘렀기 때문에 오늘의 조선이 있는 것이 아닐까?

아, 조선 땅아! 한오리 신작로여! 네가 네 생명을 잃은 지 50여 년간, 그동안 너의 사랑하는 아들딸들이 몇몇이나 원한을 품은 채 넘어졌으며, 그 아까운 일생들을 희생했느냐? 그러나 그들의 희생을 결코 값없는 것은 아니었다. 그들의 이 고귀한 희생이 있었기에 오늘과 같은 조선의 서광을 본 것이 아닐까?

그렇지만 비록 약간의 서광이 비친다고는 하여도 그들의 고귀한 정신에 보답할만한 조선이 되어 있는가?

아니다. 그렇지가 않다. 내 고향 조선 땅에는 지금쯤 남에서나 북에서

나 전통은 노리갯감처럼 부서질 것이고, 문명은 예기하지 않은 착오를 이곳저곳서 일으키고 있을 것이다.

새로 수입된 문명을 잘 소화하여 이용할 줄은 모르고 그것을 껍질 채 뒤집어쓰고서 시아버지 동무요 시어머니 동무를 찾는 일이나, 남편은 기술자로서 전후 복구 사업에 밤낮을 헤아리지 않는데 여성동맹위원이라는 아주머니가 새로 수입된 사교댄스에 흥이 나서 이웃집 총각과 바람을 피우는 일 등이 북에서도 있을 것이고, 그 썩어 빠진 재즈(jazz) 음악에 허수아비처럼 춤을 추며 미국제 위스키나 브랜디를 마시고 초콜릿을 씹으며, 시래기를 넣은 된장찌개에서 흙냄새가 난다고 잔소리를 하는 개 같은 친구나, 두툼한 주머니를 만지며, 어리석은 부모 네를 꿰어서 얼굴 고운 처녀들을 사려고 돌아다니는 인육시장의 앞잡이 놈들도 남에서는 있을 것이다.

남과 북, 북과 남, 내 어머니인 그리운 조선 땅아! '판문점'이란 네 배꼽이더냐? 옛날에는 38호라는 번호가 붙었더니 지금은 경계선이란 이름이 붙은 쇠사슬이 당신의 허리를 점점 졸라매어 들어가니, 자칫하면 손과 발이 영원히 작별할 수도 있으리라! 그러나 그리운 조선이여! 당신을 사무치게 그리워하는 나이건만 당신의 몸뚱이가 두 동강이가 난 후에도 당신의 생명이 있다고는 내 절대로 믿지 않으련다. 고향, 한오리의 신작로여! 제발 비노니 조선 사람들이 자유로이 드나들게 남북을 하나로 쭉 뻗으렴으나!

第五六號

鄭烈

第五一號

金泰巖

第五四號

李統吉

第五九號

柳時郁

第五八號

兪陽錫

第五七號

李達楠

第五六號

林大用

▲ 단밀초등학교 졸업자(1932년) 명부 속에 있는 저자

▼ 1940년대 종로거리

'춘래불사춘'–김순희

9월 9일

임진왜란 시의 월향과 논개를 구국열녀라고
할 수 있을진대 우리의 불사춘에게는 어찌 이런
이름이 합당치 않을 수 있으랴!
역사는 반드시 그녀의 공적을 기록해야 할 것이다

'춘래불사춘'-김순희
9월 9일

어제까지도 날이 좋더니 오늘은 웬일인지 비가 왔다가는 그치고 그쳤다가는 또 오고 한다. 점심때가 되어서야 해룡海龍이가 왔다. 선불금 100원을 탔다는데 술값으로 다 없어지고 남은 것은 트럼프 한 묶음뿐인 모양이다. 점심을 찾아 먹은 그는 쓰러져 자기 시작하였고, 그가 잠들자 나는 역시 나 혼자만 남은 풍막을 돌아보며, 가냘픈 고독감을 느끼면서 넋 없이 문 밖을 내다보며 앉아있었다. 문 밖에 서있는 (산)딸기나무는 그 가시가 어찌나 뾰족 뾰족한지 사람의 감정을 삭 찔러 당장에라도 새빨간 피를 조르르르 흘리게 하고 말 것만 같다.

계속하여 비가 오는 것이나 동남풍東南風이 부는 것을 보니 비가 언제 그칠지 모르겠다. 문밖에서 약 50미터 떨어진 곳에 마치 무덤처럼 불룩 솟아오른 곳이 있는데 이상스럽게도 흑갈색 흙으로만 덮였지 나무는 물론 풀 한 포기 보이지 않는다. 식물이 자라기에는 비옥한 사할린의 땅인데 참 과연 이상한 일이다. 바싹 마른 풀 뿌리가 얽혀 있는 것이 앙상하게 드러나 보일 뿐 풀은 그림자도 안 보인다. 금일한궁녀今日漢宮女 명일호지첩明日胡之妾이란 시의 주인공인 왕소군王昭君의 무덤인가 호지胡地에 무화초_{無花草}하니 춘래_{春來}에 불사춘_{不似春}[42]이라더니 정말 그렇다.

비오는 창밖을 내다보며, 고향과 고향의 푸른 들판을 뚫고 나간 한오리의 하얀 신작로를 회상하는 내 머리에는 문득 서울 있을 때 불사춘_{不似春}이란 기명_{妓名}을 가진 김순희_{金順姬}가 생각난다. 그는 한성권번[43]이란 곳

---

42) 王昭君(왕소군)은 춘추시대의 서시(西施), 삼국시대의 초선(貂蟬), 당의 양귀비(杨贵妃)와 함께 중국 사대미인(四大美人)으로 지칭되고 있는 인물로 원제(元帝) 때의 궁녀로 알려져 있다. 소군은 왕소군의 자로 경녕(竟宁) 원년(B.C. 33년) 흉노(匈奴)와의 친화정책을 위해 흉노왕 호한야 선우(呼韩邪单于)에게 시집가서 아들 하나를 낳았으며, 그 뒤 호한야가 죽자 흉노의 풍습에 따라 왕위를 이은 그의 정처(正妻) 아들에게 재가하여 두 딸을 낳고 그곳에서 생을 마친 것으로 전해진다. 왕소군(王昭君)에 대한 전설이 유명한데 후한서(后汉书) 금조(琴操)에는 왕소군이 몇 년 동안 황제의 관심을 받지 못하여 자진해서 흉노의 왕에게 시집갔으며, 그녀가 호한야의 아들에게 재가하게 되었을 때 독을 마시고 자살했다고 기술되어 있다. 이 이야기는 후세에 널리 전해졌으며, 많은 문학작품에서도 다루어져, 진(晉)의 석숭(石崇)이 작사·작곡하여 기녀에게 부르게 했다는 왕명군사(王明君辞)는 매우 유명하다. 두보(杜甫)와 이백(李白)을 비롯해 당대의 시인들도 이 이야기를 즐겨 썼으며 원·명대에는 희곡으로도 각색되었다. (중국시사문화사전, 참조)
본문의 싯구는 이백(李白)이 지은 王昭君(왕소군)의 일부와 같은 인물을 노래한 당대의 시인 동방규(東方叫)의 시 昭君怨(소군원: 왕소군의 원한)이 결합되어 있는데 각 시는 다음의 구절이다.

昭君拂玉鞍 (소군불옥안)　　왕소군은 예쁜 안장 떨치고 나서
上馬啼紅頰 (상마제홍협)　　말을 탔으나 붉은 뺨에 눈물 흘린다.
今日漢宮人 (금일한궁인)　　오늘 까지는 한나라의 궁녀이지만
明日胡地妾 (명일호지첩)　　내일부터는 오랑캐 땅의 첩이 되는구나. (이상은 이백의 왕소군)

胡地無花草 (호지무화초)　　오랑개의 땅에는 꽃과 풀이 없으니
春來不似春 (춘래불사춘)　　봄이 와도 봄 같지 않다.
自然衣帶緩 (자연의대완)　　(식음을 전폐함으로) 자연히 옷의 띠가 느슨해지니
非是爲腰身 (비시위요신)　　이것이 어찌 허리 몸매를 위함이리요. (이상은 동방규의 소군원)

43) 조선이 국권을 상실한 뒤 관기제도가 없어지면서 기생들이 최초로 모인 조합이 서울의 광교조합(廣橋組合)이었다. 광교조합은 남편이 있는 기생, 즉 유부기(有夫妓)들로 이루어진 조합으로, 뒤에 한성권번(漢城券番)으로 개칭하였다. 권번은 주식회사 제도로 운영되었는데, 주된 기능은 모든 교육과정을 수료한 기생들이 요정에 나가는 것을 지휘하고 감독하는 것이었다. 그 뒤 계속 권번이 번창했는데 대표적인 것으로는 정악원학감(正樂院學監) 하규일(河圭一)이 무부기(無夫妓)들을 모집하여 서울 다동에 세운 조선권번(朝鮮券番)이었다. 한성권번과 조선권번에 이어 전성욱(全聖旭)이 서울 낙원동에 종로권번을 설립하여 세 조합이 경쟁하여 서로 명창들을 배출하였다. 그 뒤 세 권번이 병합하여 삼화권번(三和券番)이라는 이름으로 발족했다. [권번 (券番). 한국민족문화대백과, 한국학중앙연구원 참조]

에 적을 둔 기생이었다. 물론 기생이란 자본주의의 산물이지만, 그러나 당시 자본주의의 가혹한 제도에 희생되어 피를 빨아 먹는 흡혈귀이거나 반 인도주의자들의 짐승 같은 성적 욕망獸慾의 대상이 되는 노리개가 아니라 보통 한 사람의 직업여성과 조금도 다를 바가 없었으며, 부러는 질지언정 굽어질 줄은 모르는 성격을 가졌고, 정의를 위하여서는 송두리째 자기의 생명을 바치는 그런 의로운 기녀였다. 기생이라기보다 사회활동가에 가깝고 혁명여성인 그는 지금도 내 가슴에 뚜렷이 자리를 잡고 있으며 사업에 있어서 뜻을 같이 하였으며 얼마간 가깝던 사이였던지라 특별히 머리에 생생하다.

서울 있을 때의 나는 청진에 있던 시절에 비하면 훨씬 자랐다고 할 수 있으니, 굴욕의 구렁이에서 헤매는 민족의 당시 상황을 생각하여 울분을 참지 못하고 통탄하는 의사義士들의 감화를 받은 나는 깊은 탐구는 못하여도 삐뚤어진 사회만을 똑바로 볼 줄은 알았다. 이리하여 몹시 바쁜 까닭에 자주는 못 만났지만 나는 그녀와 몇 번 만난 일이 있었던 것이다.

그 당시의 기생이란 어떤 것인가를 지금 사람들은 물론 모를 것이나 그 당시의 사람들은 잘 알 것이다. 상당히 굳센 여자가 큰 결심을 하고 화류계에 나선다 하여도 결국은 남자들의 노리개가 되고 다음에는 다시 남자들을 노리개로 삼는 것이지만 우리의 김순희 만은 처음에 이런 점에서는 청백淸白 : 욕심이 없고 곧고 깨끗함하였다고 볼 수 있으니 그것은 그녀의 업적이 무엇보다도 여실히 말하여 주고 있다.

　그녀가 기생이 된 원인은 정신병자가 된 아버지를 노량진 뇌_腦병원에 입원시키고 보성 중학교 3학년인 동생과 늙은 어머니를 모신 그녀의 할 수 없는 길이었지만 이화고녀_{梨花高女}의 우등졸업생인 그로서는 아까운 길이 아닐 수 없었다. 그는 또한 학식이 풍부하여 옛날 기생이 능가능무 우시능_{能歌能舞又詩能}이요 월야삼경환부능_{月夜三更喚夫能}이라더니,[44] '달 밝은 야밤에 지아비 바꾸는 능력_{月夜三更喚夫能}'은 적당하지 않아도 '노래와 춤 다능한데 시까지 능하다_{能歌能舞又詩能}'란 말은 그녀에게 적당한 말이었다. 노래나 춤은 말할 것도 없이 문학을 사랑하는 그녀는 또한 즉흥시인이어서 즉석에서 시를 지어 가야금을 안고 노래를 곧잘 불렀다. 누구든지 그에게 어째서 불사춘이라는 기명을 가졌는가고 물으면 언제나 그는 웃으며,

---

44) 언급되고 있는 구절은 평양감사의 잔치 자리에서 운으로 불린 능할 능(能) 자를 두고 김삿갓과 기생이 주고받은 시구로 알려져 있으며 다음과 같은 내용이다.

金笠. 平壤妓生 何所能 (김립. 평양기생 하소능)	평양 기생은 무엇에 능한가.
妓生. 能歌能舞 又詩能 (기생. 능가능무 우시능)	노래와 춤 다 능한 데다 시까지도 능하다오
金笠. 能能其中 別無能 (김립. 능능기중 별무능)	능하고 능하다더니 별로 능한 것 없네.
妓生. 月夜三更 呼夫能 (기생. 월야삼경 호부능)	달 밝은 한밤중에 지아비 부르는 소리에 더 능하다오.

저자는 비슷한 내용의 시를 차용하여 언급하고 있는데 짐작컨대 성천의 부용이라는 기생이 지었다는 다음의 시가 그 원본이라 여겨진다.

成川芙蓉 何所能 (성천부용 하소능)	성천의 부용은 무엇에 능한가
能歌能舞 又詩能 (능가능무 우시능)	노래에 능하고 춤에 능하고 또 시에 능하다오
能之能中 又一能 (능지능중 우일능)	능하고 능한 중에 또 능한 것은
月明夜半 換夫能 (월명야반 환부능)	달 밝은 야밤에 지아비 바꾸는 능이겠지요

라고 하였다. 아까운 청춘의 몸으로 가엽게도 생활의 희생이 되어 인생의 봄을 망각한 그를 마음 있는 사람이면 누구나 안타까워하였지만은 그러나 남의 도움을 바라지 않는 그의 고결한 성격을 도저히 흐리지는 못하였다.

불사춘과 비슷한 학식을 가진 기생이 어찌 없었으리요. 양중월兩中月이니 설중매雪中梅니, 배금향盃金香, 금일선錦一扇이 등 여러 사람이 있었지만[45] 그들은 원래 성격이 불사춘에 비할 바가 아니었다. 이들은 정말로 기생으로서 고급 기생이었지만 불사춘인 김순희는 기생이면서도 투사였으니, 그녀는 1939년 가을부터 민족의 독립을 도모하는 지사志士들의 단체에 가담하였던 것이다. 내가 겨우 이 지사들의 심부름꾼 노릇밖에 하지 못할 때 그는 어려운 연락 사업을 맡아 보았으니, 요리집인 국일관國一館 제일 뒷방에서 겨우 3엔짜리 상을 놓고 불사춘을 부를 때에는 의례히 지사들의 간부 회합이 있었고, 그 다음에는 각부로의 연락을 대부분 불사춘이 맡아 하였으니, 그것은 사람들이 많이 드나드는 화류계가 적당하다는 점도 물론 있었으나 그것보다 더 중요한 점은 불사춘이란 사람 그 자체에 있었던 것이다. 그리고 또 그는 경찰들의 의향을 조사하는

---

45) 저자는 1926년에 한양서원에서 낸 대동기문(大東奇問)이라는 책(강효석 편)에 들어 있는 설중매의 이야기를 근거로 하고 있을 기능성이 높다. 조선시대의 인물들에 얽힌 일화를 모은 책인 대동기문은 문헌들 중 선인들의 발자취에서 교훈이 될 수 있는 것을 근간으로 재미와 기이한 내용을 곁들여 편집한 것이다.

일을 맡았으니, 그것은 그의 일본말이 다른 기생들 보다 능란했을 뿐 아니라 그들의 취미에 적합하게 움직였기 때문에 그들이 노는 모임에 불사춘을 가장 자주 불렀던 까닭이다.

날짜도 잊지 않는 1940년 9월 4일, 경찰들의 손이 거의 뻗쳐짐을 안 그녀는 주요 간부들을 다 피하게 하였으니 이날 저녁부터 그는 경찰에 감금되었던 것이다.

1940년 12월 19일 한강에서 불어오는 바람이 맵짜게 종로를 스치고 해조차 놀라서 소스라쳐 구름 속에 숨던 날, 원통하게도 불사춘은 종로경찰서 유치장에서 시체로 변하고 말았다. 석 달 동안 경찰들의 혹독한 고문과 모진 매에 견디지 못하여 쓰러지면서도 피한 동지들의 거처는 물론 남아 있는 동지들의 이름을 한사람도 대지 않았다. 임진왜란 시의 월향月香[46]과 논개論介를 구국열녀라고 할 수 있을진대 우리의 불사춘에게는 어찌 이런 이름이 합당치 않을 수 있으랴! 역사는 반드시 그녀의 공적을 기록해야 할 것이다.

몇몇 지사들이 모여서 그녀의 시체를 병자호란의 옛 전적지인 남한산성의 아늑한 곳에 묻어 줄때 일본인들은 미국 하와이 함대를 전멸[47]시

---

46) 계월향(桂月香)을 말한다. 조선 중기 때 평양 기생으로 본명은 월선(月仙)이라 한다. 논개와 함께 임진왜란 당시 나라를 위해 목숨을 버린 의기(義妓)로 기억되는 인물이다. 임진왜란 당시 평안도병마절도사 김응서(金應瑞)의 첩이던 계월향은 왜장 고니시 유키나가(小西行長)의 부장(副將) 소서비에게 몸을 더럽혔으나 기지를 발휘해 김응서에게 적장의 머리를 베게 한 뒤 자결했고, 이런 전력으로 말미암아 기생으로는 특이하게 평양 의열사란 사당에 배향되어 제사를 받는 인물이 된다.
47) 일본의 진주만 공습 사건은 1941년 12월 7일에 있었다.

켰다고 축배를 들었지만 우리들은 목이 메어 고별사의 제문祭文도 똑바로 읽지 못했었다.

생각하면 가슴이 쓰린 일이지만 내가 그녀를 마지막으로 만났을 때는 그녀가 죽기 닷새 전인 12월 14일로 월파月波 이원호李元浩 형과 함께였다. 쇠창살로 얽은 30평방 센티미터의 창문으로 퉁퉁 부은 얼굴과 손을 내밀며

〈선생님들! 순식順植[그의 동생]이와 어머니를 좀 부탁합시다.〉

하였고, 우리가 그녀를 위로하자 태연히

〈일 없어요, 나는 아무것도 잘못한 일이 없으니 웃으며 죽을 수 있어요, 제가 죽는다고 저의 뜻까지 죽을라고요?〉

하였다. 이 얼마나 숭고한 말이냐?

그를 추억하는 지금, 나는 구멍 뚫린 산속 풍막에서 흐르는 눈물을 닦을 생각도 하지 않았다. 오래간만에 흐르는 눈물이다. 흐르고 싶거든 얼마든지 흐르라고 놓아두자!

경찰들의 갖은 모욕과 참혹한 형벌을 당하다가 불쌍하게 떨어진 한 떨기의 꽃, 그는 결코 온실에서 키워져 장식용으로 밖에 쓰지 못하는 꽃이 아니며, 돈 있는 사람들의 응접실에서만 향기를 피우는 그런 꽃인

게 아니라, 모진 비바람과 몹쓸 놈들의 발자국에 짓밟히면서도 조선의 땅 위에 자라나 꿋꿋이 서 있으며, 조선의 백성들을 위하여 깨끗하고 그윽한 조선의 향기를 피우던 그런 꽃이다. 그러나 어쨌든 그 꽃은 고고한 향기를 간직한 채 떨어지고 말았다. 불사춘이 이렇게 정의를 위하여 넘어졌다고 하여 지금의 조선은 어떻게 되였는가? 가슴 아픈 사실이다. 차라리 아무 말도 말자!

그가 죽은 후 나는 그의 생명은 영원히 살아 있다는 의미에서 〈샛별〉이라는 시를 지어 류진柳進이라는 필명으로 잡지 『삼천리三千里』에 실었으며, 또 김립(金笠)의 시구 일부를 빌어 '문이창전조 하산조숙래問而窓前鳥 何山早宿來, 응지산중사 사춘하처재應知山中事 似春何處在'48)하고 울어도 보았다.

그 후 20년이 가까운 지금 나 역시 그 당시에는 면하였으나 1년 반이 채 못되어 서대문 형무소의 맛을 본 사람이지만 그러나 나는 지금 살아 있고 그녀는 죽었다. 그러니까 그녀를 불쌍하다 할 것이고 나를 행복하다고 할 것이다. 그렇다. 이것은 의심할 수 없는 사실이다. 그러나 어느

---

48) 저자가 차용한 시는 〈두견화 소식 杜鵑花消息〉(진달래 소식을 묻다)이다. 김삿갓이 평양에 들러 시를 잘 짓는 기생 소야월이라는 여인과 사귀게 되어 잘 먹고 평안하게 겨울을 지냈다가 봄이 되자 이제 떠나고 싶다는 심정을 표현한 시로 알려져 있다. 시의 원 내용과 인용된 본분은 약간의 차이가 있으나 다음과 같다.

問爾窓前鳥 문이창전조　　창 앞에 날아 온 새야 네게 물어보자
何山宿早來 하산숙조래　　어느 산에서 이리도 일찍 왔느냐
應識山中事 응식산중사　　산속의 소식 너는 모두 알겠지
杜鵑花發那 두견화발아　　(산에) 진달래꽃은 피었더냐, 어떠하냐?

저자는 마지막 구절을 사춘하처재로 마무리하고 있는데 '불사춘은 그래 어디에 있느냐?'는 의미로 읽힌다.

한 면으로 본다면 고향을 애타게 그리워하여도 가보지 못하며 더군다나 조선이 양분된 지 십여 년이 되었어도 합할 날을 기약하지 못하고 있으며 문화는 대혼란 상태에 처해 있을 것이고, 남북이 갈라져서 형제간에 서로 맞총질을 하여 형은 동생을 죽이고, 동생은 형을 죽인 후에 만세를 부르고 승리의 쾌감에 잠길 것이니, 본의가 아닌 이런 행동을 감행하는 조선의 청년이 어찌 불쌍하지 않으며, 인위적으로 이런 사태를 조장한 힘에 대하여 어찌 증오와 치밀어 오르는 분노를 금할 수가 있으랴!

이런 것을 생각할 때 살아서 이런 꼴을 보지 않고 죽어서 고요히 잠들어 있는 불사춘이 나보다는 훨씬 행복하다고 볼 수 있지 않을까?

이런다고 하여 내가 결코 염세주의자나 니힐리스트_{허무주의자}인 게 아니라 너무도 기가 막힌 나머지 나오는 일종의 반박인 것이다.

저녁때가 가까워오자 비는 그쳤다. 나는 복잡한 생각을 버리고 순희順姬의 이름을 고요히 불러 보며 저녁 준비를 하러 밖으로 나갔다.

아, 고향아! 한오리의 신작로여! 이역의 거리에서 옷깃에 찌들대로 찌든 때를 만져보며 공간을 타고 바람에 날려 오는 네 소식에 깜짝 깜짝 놀라는 약해져 가는 이 내 신경을 너는 대체 어쩔 터이냐 말이다.

▼ 서대문형무소

▼ 벌뫼봉에서 내려다 본 고실촌 모습: 좌측에 느티나무(수령 300년 추정)와
위천을 향해 뻗어있는 농로가 보이며, 그 뒤로 안계평야가 펼쳐진다.

어머니
9월 10일

수많은 조선의 어머니들은 자신의 아들들을 다
우리 어머니처럼 그렇게 키웠을 것이고,
그 아들들의 장래를 자기의 생명처럼 걱정하였을 것이다.
그러나 그들이 그렇게도 소중히 생각하고 자기의 생명보다
더 걱정한 아들들은 그 걱정의 절반만이라도 행복하여졌을까?

어머니
9월 10일

어제 저녁에 지는 해가 그렇게도 곱기에 오늘은 날이 좋으려니 했더니, 웬걸? 오늘도 역시 구름이 자우룩하게 끼고 간간이 은실 같은 이슬비가 내리기 시작한다. 새풀 치기에는 아주 좋지 못한 장마가 시작되나 보다.

집에서 선희善姬를 학교에 보낸다는 소식이 왔다. 내게 있어서는 제일 큰 아이지만 아직 나이 만 일곱 살이 못 되었을 뿐 아니라, 머리가 아직 발달되지 못하여 내년에 학교를 보내려고 했던 것인데 학생 수가 모자란다고 학교에서 자꾸만 보내라 한다는 것이다.

교육 — 이것은 한 시대의 사람이 다음 시대의 사람들에게 자기네들의 문화를 전하는 현상을 총칭하여 하는 말이다. 그러므로 교육이란 것이 비단 일정한 계획에 의하여 주입식으로 이행하는 학교만을 말하는 것이 아니라 라디오나 영화, 신문이나 잡지, 어른들의 잔소리나 꾸중 및 친구들 사이의 상호 교제 등, 다시 말해 사회에서 보고 듣는 모든 것이 다 포함되는 것이다. 하지만 실제에 있어서 나이도 어릴 뿐 아니라 나이에 비하여 발달이 늦은 선희에게는 무리가 아닐 수 없다.

교육이란 말이 나왔으니 말이지 내가 교사생활 할 때 느꼈지만은 언어나 문자의 정의를 비교적 하급반 아이들에게 설명하기란 매우 힘든 일이었다. 또 국어 교원으로서 이를 설명함에 부족함이 없는 교원도 보기가 어려웠다. 언어란 것은 간략히 말해 마음을 소리로 싼 것이고, 문자라는 것은 이 마음을 부호로 기록한 것이다. 그리고 이 언어와 문자는 분리할 수 없는 절대적 통일물이만 그러나 서로 떼어 놓을 수도 있는 것이니, 그것은 사람과 옷과의 관계와 같은 것이다. 다시 말하자면 옷은 사람을 위하여 있는 것이며, 사람은 옷을 입어야 하는 것이지만, 목욕탕에 들어 갈 때나 잠 잘 때에 옷을 벗어 둘 수 있는 것과 같은 것이다.

모두들 탄광에서 어제 저녁에야 돌아왔다. 그러나 진협珍協이 하나만 누워있고 다른 사람은 다들 일터로 나간 후 나는 문득 어머니를 생각하여 보았다. 원래 우리 집은 이 고실촌古室村에서도 제일 높은 곳에 자리 잡고 있었으므로 그 한오리의 신작로가 검은 판에 흰 줄을 쳐 놓은 것 같이 똑바로 내다보이는 곳이었다. 내가 학교에 갈 때에나 학교에서 올 때에 언제나 집에서 이 신작로를 바라보시던 어머니! 수없는 사람이 이 신작로를 드나들지만 직선으로 2킬로미터가 넘는 이 신작로에서 새까만 그림자가 개미만 하게 움직일 때부터 걸음걸이로 나를 알아보시는 어머니였다.

17살에 시집을 온 이후 하루도 마음 성한 날이 없이 일생을 괴로움 속에 지나시던 어머니! 청진으로, 서울로, 전라도 남원으로, 마지막에는 이 사할린까지 끝없이 표랑漂浪: 뚜렷한 목적이나 정한 곳이 없이 이리저리 떠돌아다님의 발자욱을 엮노라 어머니를 받들지는 못할지언정 걱정을 시키지는 말아야 할 텐데, 언제나 어머니의 가슴에 '자식에 대한 걱정'이라는 자리를 비워 본 적이 없는 천하의 불효막심한 이 자식이었건만 어머니는 당신 가슴속에 있는 심장의 불길을 다 쏟아서 정성껏 나를 키워내셨다. 그 누가 자기 어머니의 애정을 느끼지 않는 사람이 있으리요마는 나는 세상의 누구보다도 어머니 생각을 할 때에 그 애정을 뼈저리게 느끼곤 하는 것이다.

지금에 와서는 이렇게도 불초不肖한 자식이었건만 풍달風疸: 옛 병명.[49]로 말미암아 40일간이나 병석에 누워 사경을 헤맬 때 죽을까 봐 밤잠을 자지 않고 간호하였으며 수심어린 얼굴에 눈물을 흘리시며, 물끄러미 내 얼굴을 들여다보시던 어머니. 일사병으로 30일간을 누워 앓을 때 하루도 빼지 않고 벼 이슬과 익모초 물을 받아 주셨고, 옆에 앉아서 가슴이 답답하다고 외치는 내게서 부채질을 멈추지 않으시던 어머니.

소학교 생활 6년 - 언제나 그 한오리의 신작로를 거닐어 학교에 다닐 때, 도시락 그릇에는 정성껏 만들어 담으신 반찬이나 밥 속에 어머니의 애정이 차곡차곡 담겨 있었고, 입맛이 없다고 여름철이면 간혹 만들어 주시던 솔 떡 속에도 어머니의 애정은 담겨 있었다. 신선한 풀 향기 풍

---

49) 황달(黃疸)의 하나다. '풍달(風疸)은 소변이 누렇거나 희며 오슬오슬 추웠다가 더우며 눕기를 좋아하고 움직이려 하지 않는다(風疸, 小便或黃或白, 灑灑寒熱, 好臥不欲動)' [천금요방(千金要方)제10권]고 그 증상이 설명되어 있다. 또한 가슴이 두근거리며 얼굴이 거무스레해지는 증상도 있다.

기는 속적삼에도 어머니의 애정은 풍겨왔고, 모자라는 학비에 얼굴을 찌푸릴 때 아버지 몰래 주머니 끈을 푸시는 어머니의 애정은 공간을 타고도 확실히 내 가슴 속에 전해 왔었다.

군청 서무계 서기라는 직권을 이용하여 아버지는 밤마다 술과 여자로 갖은 바람을 다 피웠건만 어머니는 한 번도 불쾌한 얼굴을 하시지 않으셨고, 못생겼느니 애교가 없노니 하는 생트집에도 일대의 폭군이시던 아버지에게 반항이라고는 조금도 하지 않았다. 봉제사 접빈객奉祭祀 接賓客: 제사를 받들고 귀한 손님을 맞음이나 침선방적針繕紡績의 미덕50)을 겸비한 어머니는 사실 유교의 세례를 받으신 분이지만, 이럴 때 반항을 모르시는 어머니는 봉군자奉君子의 법51)이나 부창부수夫唱婦隨의 법52)만을 지키기 위해 그리 하셨다기보다 가정의 심한 불화가 어린 자식들에게 가는 영향을 두려워하셨던 것이다.

어느 때인가 아버지가 주무시는 사랑방 문 앞에는 하얀 백고무신인 낯선 여자의 신이 놓여 있었는데, 그것이 한쪽은 뜰에 한쪽은 마당에 떨어져 있었다. 아침 일찍이 일어난 어머니는 그 신을 가지런히 갖추어 놓으시고 아무 말 없이 부엌으로 들어 가셨다. 여자라는 것이 어떤 것인지 아무 것도 모르는 나이 어린 나였지만 웬일인지 어머니가 불쌍해 보

---

50) 바느질과 길쌈을 말하며, 당시 여인들에게 침선과 방적은 자수와 함께 여성으로 반드시 갖추어야 할 미덕이었다.
51) 남편과 아들을 따르고 섬겨야 하는 여성의 도리.
52) 남편이 노래를 부르면서 앞장서면 아내는 장단을 맞추며 따라간다는 의미로 남편이 주장하고 아내가 이를 잘 따르는 부부 사이의 도리 .

였고, 아버지가 한없이 밉게 보여 그 여인의 신 밑바닥을 칼로 찢어 놓은 것이 기억난다.

아버지가 그 소위 첩이라는 것을 두었을 때도 어머니는 다른 때와 조금도 다름이 없으셨다. 그때는 철이 없어 몰랐거니와 지금 와서 생각하니 남편을 가진 한 사람의 여인으로서 그것이 얼마나 참기 어려운 일인가 하는 것을 새삼스럽게 느끼면서 현모양처의 자리를 굳이 견지한 어머니에게 다시금 머리가 숙여지지 않을 수 없다. 그때에 아버지가 둔 첩은 한 달이 못되어 내가 쫓아 버리고 말았다. 철없이 나이 어린 내가 "무슨 까닭에 우리 집에 와 있는가?"고 매일같이 가라고 성화를 하자 그 여자는 참다못하여 그만 그 하얀 신작로로 떠나가 버리고 말았다. 아버지는 그러면 못 쓴다고 나를 때려도 보았고, 달래도 보았지만 한결같은 내 트집에 어쩔 수 없이 보내게 되었던 것이다.

사실 아버지는 너무나 심한 바람을 피웠다. 남존여비의 사상을 몸으로 실천한 아버지는 그런 행동이 위엄 있는 한 집의 가장으로 응당 옳은 것이라고 자처했고, 이럴 때마다 당신의 괴로운 심정을 잊으시려고 한학자의 가정에서 태어났으며 통감通鑑[53] 7권까지 읽은 어머니는 어린 나를 무릎에 앉혀놓고 중국 역사에 대한 이야기에 시간 가는 줄을 몰랐다.

---

53) 중국 북송(北宋)의 사마 광(司馬光, 1019~1086)이 1065년~1084년에 편찬한 편년체(編年體) 역사서로 자치통감(資治通鑑)이 정식 명칭이다. 주(周)나라 위열왕(威烈王)이 진(晉)나라 3경(卿：韓 ·魏 ·趙氏)을 제후로 인정한 BC 403년부터 5대(五代) 후주(後周)의 세종(世宗) 때인 960년에 이르기까지 1,362년간의 역사를 1년씩 묶어서 편찬한 것으로 모두 294권이다.

조자룡趙子龍이나 유충렬柳忠烈의 이야기[54]는 물론, 중국의 유명한 『삼국지』의 이야기나 또는 〈아미산월반륜추 영입평강강수류蛾眉山月 半輪秋, 影入平江江水流〉 같은 이태백李太白의 시[55]나 〈남창南昌은 고군古都이요 송도松都는 신부新府라는〉 왕발王勃의 글[56]이나, 〈소부중야곡小婦中夜哭하니 아생반세재兒生

---

54) 조자룡은 삼국지의 주요 인물로 유명하나, 유충렬은 19세기 후반 이래 큰 인기를 끈 연대 및 작자 미상의 국문 고전소설의 주인공이다. 작품의 주요 내용은 다음과 같다. 명나라 영종연간(또는 홍치연간)에 정언주부의 벼슬을 하고 있던 유심은 늦도록 자식이 없어 한탄하다가 치성을 드리고 신이한 태몽을 꾼 뒤 귀하게 아들을 얻어 충렬이라 이름을 짓고 키운다. 이때 조정의 신하들 중에 역심(逆心)을 품은 정한담·최일귀 등이 옥관도사의 도움을 받아 정적(政敵)인 유심을 모함하여 귀양 보내고, 유심의 집에 불을 놓아 충렬 모자마저 살해하려 한다. 그러나 충렬은 천우신조로 정한담의 마수에서 벗어나 많은 고난을 겪고 퇴재상 강희주를 만나 사위가 된다. 강희주는 유심을 구하려고 상소를 올렸으나 정한담의 모함을 입어 귀양을 가게 되고, 강희주의 가족은 난을 피하여 모두 흩어진다. 충렬은 강낭자와 이별하고 백용사의 노승을 만나 무예를 배우며 때를 기다린다. 이때 남적과 북적이 반기를 들고 명나라에 쳐들어오자 정한담은 자원 출전하여 남적에게 항복하고, 남적의 선봉장이 되어 천자를 공격한다. 정한담에게 여러 번 패한 천자가 항복하려 할 즈음, 충렬이 등장하여 남적의 선봉 정문걸을 죽이고 천자를 구출한다. 충렬은 홀로 반란군 정한담을 사로잡고 호왕에게 잡혀간 황후·태후·태자를 구출하며, 유배지에서 고생하던 아버지 유심과 장인 강희주를 구하여 개선한다. 또한, 이별하였던 어머니와 아내를 찾고, 정한담 일파를 물리친 뒤 높은 벼슬에 올라 부귀영화를 누린다. 전형적인 군담소설인 〈유충렬전〉은 조선조 중세 질서 속에서 충신상을 표현함과 동시에 호국과 호왕을 살육한다는 내용으로 보아 병자호란 이후 호국(청나라)에 대한 강한 민족적 적개심이 표현된 작품으로 평가된다.[유충렬전 (劉忠烈傳), 한국민족문화대백과, 한국학중앙연구원 참조]

55) 앞의 주 32)를 참조하시오.

56) 왕발(王勃)의 등왕각서(滕王閣序)라는 글의 일부이다. 본문의 '송도'는 '홍도'의 착각으로 보인다. 등왕각서는 긴 글인데 그 서두는 이렇게 시작된다.

南昌故郡(남창고군)이오　　옛 남창군(南昌郡)이었던 이곳은
洪都新俯(홍도신부)라　　　새로이 홍도(洪都)가 되었다
星分翼軫(성분익진)하고　　별자리로는 익(翼),진(軫)에 해당하는 땅으로,
地接衡廬(지접형려)하니　　서쪽으로는 형산(衡山)에 접해 있고, 북쪽으로는 여산(廬山)에 접해 있다…

왕발은 19살에 과거에 급제했을 정도의 천재였던 중국의 시인으로 어린 나이에 궁정에 발탁되어 들어갔다가 일찍 죽는다. 그가 요절하는 데 이 시가 결정적인 역할을 했다고 한다. 등왕각은 중국 장시성 난창에 있는 누각인데, 당 고조의 아들이자 이세민의 아우인 이원영이 등왕에 봉해져 이곳에 온 이듬해(653년)에 지어졌다고 한다. 매우 경치가 아름

半歳災 이식인간고爾識人間苦하여 소소갱불래召召更不來아〉 같은 김립金笠의 시[57]

이며, 〈경우耕牛는 무숙초無宿草하고 식서食鼠는 유여량有餘量이라〉라는 주자

朱子의 시[58]들도 어린 시절에 어머니에게서 들은 이야기이다.

　－ 모년일백세母年一百歲, 상우팔십아常憂八十兒[59] 그 크고 거룩하신 어머니

의 은혜. 수많은 조선의 어머니들은 자신의 아들들을 다 우리 어머니처

다운 곳에 세운 유명한 누각으로 중국 왕가의 가족들이 즐기곤 했다. 그런 만큼 고관들의 도를 넘는 사치와 무례를 둘러싼 이야기들이 많았는데, 675년에 이곳을 지나던 왕발은 등왕각이 강가에 우뚝 솟아 있으나 그 화려함과 사람의 발길은 예전 같지 않고, 무심히 강만 흐른다는 내용으로 세월과 인생의의 무상함을 읊어 당시 도독의 미움을 받게 되었다는 것이다.

57) 소부중야곡(小婦中夜哭)하니 아생반세재(兒生半歲災)　　한밤에 막 결혼한 부인네가 곡을 하니 아이가 태어나 반년도 안 되어 죽었음이라

　이식인간고(爾識人間苦)하여 소소갱불래(召召更不來)아　네가 인간의 고통을 안다고 하여 그같은 일이 다시 오지 않게 할 수 있으랴

이 구절이 김립(金笠)의 시 일부인지는 확인되지 않는다.

58) 남송(南宋) 이후의 선행과 전해 내려오는 민간의 속담을 모아서 엮은 작자 미상의 명현집(名賢集)이라는 책에 있는 글의 일부로 해당 부분은 다음과 같다.

　耕牛無宿草(경우무숙초)　밭가는 소에게는 묵은 꼴이 없지만
　倉鼠有餘糧(창서유여량)　창고의 쥐에게는 남는 양식이 있다
　萬事皆前定(만사개전정)　세상만사(성패는) 다 미리 정해진 것인데
　浮生空自忙(부생공자망)　덧없는 인생은 부질없이 스스로 바쁘구나

내용을 볼 때 재물을 탐내기에 급급하여 분수를 지키지 않는 자에 대한 경계의 의미로도 볼 수 있고, 공연히 쓸데없는 일로 부질없이 발버둥 치는 사람의 삶의 모습을 관조적으로 표현한 글이라고 할 수 있으나 저자가 주자인지는 확실하지 않으며 '식서는 유여량'이라고 한 부분도 '창서는 유여량'이 맞다.

59) 佛說父母恩重經(불설부모은중경) 중에 나오는 구절이다. '태중에 품어서 보호한 은혜(懷胎守護恩 회태수호은)'로부터 '끝까지 자식을 사랑하신 은혜(究竟憐愍恩 구경연민은)'까지 언급한 후 부모의 은혜가 얼마나 깊고 무거운지(父母恩深重 부모은심중: 부모님 은혜는 깊고도 무거우니)를 설명하는 내용이다. 전체적으로 아버지보다 어머니의 은혜가 더 크게 강조되고 있다. 어머니에 관한 본문이 그 예로 母年一百歲(모년일백세: 어머니 나이 일백세 되어서도)라도 常憂八十兒(상우팔십아: 팔십먹은 자식들을 언제나 걱정하네)하시니 欲知恩愛斷(욕지은애단: 부모의 깊은 은정 그칠 날 언제인가) 命盡始分難(명진시분난: 목숨이 다하여야 비로소 끝날 건가)라는 것이다.

럼 그렇게 키웠을 것이고, 그 아들들의 장래를 자기의 생명처럼 걱정하였을 것이다. 그러나 그들이 그렇게도 소중히 생각하고 자기의 생명보다 더 걱정한 아들들은 그 걱정의 절반만이라도 행복하여졌을까?

옛날 어느 한때에는 국가의 위신을 외국에까지 떨치고 백성들이 격양가擊壤歌[60]를 부른 때도 있었지만 역사가 생긴 이래로 지금 조선의 아들들보다 더 딱한 형편에 처했을 때가 없었던 것 같다. 병자호란이나 임진왜란과 같은 그렇듯 어렵던 국란의 때에도 나라는 한 덩어리였고 목적은 하나가 아니었던가?

사회주의 건설의 일원으로서 배당받은 과제를 언제나 넘치도록 실행하면서 새로 지은 아파트 2층에서 국가의 배려로 행복한 생활을 영위하는 신혼부부들이 비록 웃음을 수정 쟁반에 은방울을 굴리듯이 또그르르 굴린다고는 하여도, 자기 친척이나 벗들이 별처럼 흩어져 있는 남조선 하늘을 바라보는 가슴에는 검은 구름이 그늘지고 있을 것이고, '뉴그랜드'나 '럭키' 같은 양담배[61]만을 피우며 위스키-에 꼬부라진 혀를 놀리고, 곧 죽어도 백밀수栢蜜水 : 측백나무 잎을 다린 물에 꿀을 넣은 차의 일종보다는 홍차가 맛이 더 좋다는 어느 회사 중역 나리의 가슴에도 동생이 총을 들고 의용군으로 따라간 북조선 하늘을 바라볼 때 내일을 기약 못하는 자기

---

60) 풍년이 들어 농부가 태평한 세월을 즐기는 노래를 말하며 중국의 요임금 때에 태평한 생활을 즐거워하여 불렀다고 한다.

61) 일제 시기와 1950년대 초까지 양담배를 대표하는 것으로, 그중 럭키의 정식 명칭은 럭키 스트라이크이었다. 은지화(銀紙畵)로 유명한 이중섭의 그림들이 바로 럭키 스트라이크 양담배 은박지에 그려졌다.

신세가 안타깝기도 할 것이다.

어머니에 대한 내 이야기를 어찌 내 유치한 붓끝으로 다 말할 수 있으랴! 어머니! 하고 불러만 보아도 어머니 슬하를 가보지 못하는 몸이라 가슴 속에서는 붉은 핏덩어리가 또 한 번 꿈틀거리며 심지어 뿌드득 소리가 나는 것 같다. 이미 칠순이 가까운 어머니이라 만약 돌아가셨다면 무덤 앞에 서서 울 이 기막힌 일을 어떻게 하랴! 언제 갈지 기약 못하는 몸이나 제발 갈 때까지 돌아가시지 말고 살아만 주셨으면 죽어도 한이 없으련만.

아, 고향아! 한오리의 신작로여 내 언제쯤이면 정답던 너를 밟을 수 있으며 어머니의 품속에 안길 수가 있겠니?

▲ 마을 입구의 정자나무(느티나무)

▼ 1948년 브이코프 1회교원동화방식협의회 기념 (앞줄 오른쪽에서 4번째가 저자)

환경에 순응하라 : 세 개의 이름

9월 11일

환경의 변화는 내 이름을 …이렇게 가지각색으로 변하게 하였지마는
조선에 뿌리를 박은 나는 조선 사람으로
꿋꿋이 서서 그대로 남아 있다

환경에 순응하라 : 세 개의 이름
9월 11일

전원 휴식의 날이 왔다. 어제부터 오기 시작한 비는 오늘부터 본격적으로 오기 시작한다. 그것도 소낙비가 아니요 부슬비이나 왔다가는 그치고 그쳤다가는 다시 오는 사할린 특유의 장마철 징조를 보여주는 기후다. 그래도 이따금씩 해는 구름 속에서 얼굴을 내밀고 내다보건만 비는 여전히 오다가는 그치고 그쳤다가는 또 온다. 칠년대한七年大旱에 빗방울 떨어지지 않는 날이 없고 구년홍진九年紅塵에 볕 안 나는 날이 없다[62] 더니 정말 그 짝이다.

세수를 마치고 풍막으로 돌아 서려는데 내 한가운데로 쭉 뻗은 버드나무에 버섯이 몇 송이 나 있기에 먹는 것인지 못 먹는 것인지 모르나 뜯어가지고 왔다. 생각하면 한심스러운 일이지 자신향상을 위하여 지극히 필요한 독서는 고사하고 신문 한 페이지도 못 읽어 보다니-

그렇다! 사실 지금 현재 시점에서 나의 〈생生〉이란 벌레만도 못할지 모른다. 이상도 포부도 희망도 동경도 송두리 채 뽑아서 트렁크 속에 넣어

---

62) '칠 년 대한에 비 안 오는 날이 없었고 구 년 장마에 볕 안 드는 날이 없었다'고도 한다. 세상의 모든 일이 궂은일만 계속되지는 아니함을 비유적으로 이르는 속담이다. 홍진(紅塵)은 거마(車馬)가 일으키는 먼지, 번거롭고 속된 세상 등을 의미한다.

두고 죽지 못해 그래도 삶을 이어가고자 움직이고 있는 이 생활이 버러지의 생활보다 나을 것이 무엇이랴! 어떤 사람은 노동은 신성하다고 말한다. 그러나 노동은 신성하지도 않거니와 물론 천하지도 않은 것이다. 다만 노동이 자기 이상과 잘 조화되었을 때가 제일 좋을 때일 것 뿐이다.

〈생활에 충직하라〉 이것은 물론 옳은 말이다. 그러나 〈사회가 준 자기 부서에 충직하라〉 이것은 누구와도 화해할 수 없는 헛소리인 것이다. 이것이야 말로 옛날 종교가들이 금딱지로 가식을 한 채 검은 혓바닥으로 지껄이는 말이지 그래 학교 교장에게 청소부를 시키고 신문사 주필에게 배달부를 시켜도 자기 부서에 만족하며 충직할 것인가?

〈환경에 순응하라!〉라는 이 냉정한 철학의 이치哲理를 어떤 친일파 선생이 칠판을 두드리며 지껄이던 것을 학창시대에 들은 기억이 난다. 그러나 이렇게 허식적인 단어들은 비록 몽매한 사람들에게라도 아무런 효과가 없다는 것을 나는 잘 안다.

그러므로 노동에는 두 가지 면 즉 생명을 연속하는 수단에 불과한 노동과 또 자기 이상도 표현시키며 생활도 해 나갈 수 있는 이 두 개의 면이 있는 것이다. 전자는 그야말로 돼지나 버러지의 생활과 다를 바가 없지만은 후자는 그래도 인간으로서 인간다운 곳이 있다 하겠다.

나는 비를 맞으면서 영원한 생명을 가지고 흐르며 끝없이 전설을 이야기하는 냇가를 바라보고 섰다. 냇가에 서 있는 빤질빤질 윤이 나는 자작나무 잎은 제법 찬 가을 빗방울에 싸느랗게 얼었다. 곰이 좋아한다는 빨간 열매가 조롱조롱 달린 사시나무는 병든 늙은이처럼 잎이 누르다가 못해 붉은 빛이 돌고 거의 한 길[63]씩이나 자란 풀들은 위와 밑은 잎이 다 말라 버리고 가운데 부분만 시퍼렇게 살았다.

납작한 모자(캡)를 눌러 쓰고 팔짱을 낀 채 찬 가을비를 맞고 섰다고 해도 나는 젊은 피에로가 아니다. 저 시내 건너 언덕, 서쪽으로 구부러진 버드나무 가지에 향수鄕愁가 조각달처럼 걸려있지 않은가? 목동들의 콧노래와 아카시아의 짙은 그늘 씀바귀나물이나 된장찌개와 냉이를 넣은 콩나물국이 그렇게도 맛이 있던 내 고향, 어머니가 있고 내 동생이 있으며, 어린 시절의 동무들이 있는 내 고향, 어찌나 지나치게 그리웠던지 한때는 입맛조차 잃었던 것이 지금은 미친 듯 푹푹 퍼 먹는 내 이 심경의 변화는 1원짜리 물건을 2원 받고 팔고서 만족한 웃음을 웃는 사람이나 딸을 시집보내기 위하여 사윗감을 물색하는 사람에게는 도저히 이해하지 못하리라!

내 고향 조선 땅, 내가 자란 고실촌古室村은 조선에 있고, 조선은 넓은 의미로 내 고향이다. 나는 조선에서 나서 조선에서 자랐고, 나의 아버지 어머니도 조선 사람이며, 할아버지도 또 그 할아버지의 할아버지도 조선 사람이기에 나는 틀림없는 조선 사람이다. 그러므로 나는 언제 가더라도 이 조선 땅을 가야 할 것이고 거기에서 일하다가 거기에서 죽어야 할 것이다. 그리고 내 자식들도 또 그 자식들도 역시 거기에서 나서 거

---

63) 통상 '한 길'은 사람의 키높이 정도를 의미하나 여덟 자 또는 열 자를 의미하기도 하는데 이 경우는 약 2.4미터 또는 3미터에 해당한다.

기에서 일하다가 거기에서 죽어야 할 것이다. 누가 나를 민족주의자라고 욕하려면 욕 하여라! 널리 온 세계에 다 관계되는 논리凡世界論란 그렇게 일반화하기 쉬운 것이 아니다.

어릴 때에 천자책千字冊이나 『동몽선습童蒙先習』[64]이요 『맹자孟子』를 읽을 때 또는 학교의 문을 두드릴 때 철저한 가족주의의 세례를 받으며 조선 사람으로 자라났지만 그 후에는 전혀 다른 환경이 나를 지배하였다.

〈와래라 고-고꾸 신민나리 주세이 못대 궁고꾸니 호-생〉我等は皇国臣民なり、忠誠以て君国に報ぜん하는 황국신민의 서사[65]라는 것이나 〈미다미 와래 스베데

___

64) 조선조 11대 중종(中宗) 때 박세무(朴世茂)에 의하여 저술된 아동용 교과서로 전통 교육에서는 동몽선습이 소학(小學) 이전에 읽어야 할 필독 교재였다. 내용은 오륜(五倫)의 대의(大義)를 간결하게 서술한 경(經)과, 중국과 한국의 역대 세계(世系)를 수록한 사(史)로 이루어져 있다.

65) 황국신민의 서사(皇國臣民の誓詞: 일본어 발음은 고 고구 심민 노 세이시)란 총독부가 조선인들에게 충성스런 일본인으로서 살아갈 것을 강요하며 외우도록 한 일종의 '맹세'와 같은 것으로 나치 제국의 '국기에 대한 충성맹세문', 우리의 '국기에 대한 맹세'와 함께 파시즘적 요소가 강한 것이라고 할 수 있다. 성인용과 아동용이 있으나 본문이 성인용을 언급하고 있으므로 성인용을 중심으로 내용을 보면 다음과 같다.
  1. 우리들은 대일본 제국의 신민(臣民)이다. 충성으로써 임금의 나라(즉 일본)에 보답하련다.[1. 我等は皇国臣民なり、忠誠以て君国に報ぜん. 이찌(1). 와례라와 고-고구 심민 나리 쥬-세이못데궁고구니호-젱](책의 본문에서 이 구절이 언급되고 있다.)
  2. 우리 황국신민은 마음을 합하여 단결을 굳게 하련다. [2.我等皇国臣民は互に信愛協力し、以て団結を固くせん. 니(2) 와례라 고-고구 심민와 다가이니 싱아이 교-료구시 못데당게쓰오가다구셍]
  3. 우리 황국신민은 인고단련(忍苦鍛鍊)하고 힘을 길러 천황의 도를 널리 알리겠다.[我等皇国臣民は忍苦鍛鍊力を養い以て皇道を宣揚せん. 상(3) 와례라 고-고구심민와 닝꾸단렝지가라오야시나이 못데고-도-오셍요-셍]
  황국신민 서사를 입안한 이는 당시 조선총독부 학무국(현재의 교육부)사회교육 과장으로 있던 김대우(金大羽)로 알려져 있다. 1937년에 미나미지로 총독이 승인하여 국민 정신 함양의 목적으로 보급하였으며, 이후 조선 내 모든 직장의 조회(아침 모임)와 학교에서 암송을 강요하였다. 내선일체와 황국신민화를 목적으로 민족정신을 말살하는 역할을 했다.

오 오-기미니 사사게 마쓰랑〉御民 我 總을 捧げ 大君に 捧げまつらん[66]하는 이른바 오

개조五個條의 서문誓文[67]이라는 것도 억지로나마 암송하지 않으면 안 되었

---

66) 저자는 '五個條의 誓文'의 일부로 기억하고 있으나 실제는 「승리를 위한 맹세(勝ち抜く誓い)」라는 노래에 나오는 첫 구절이다. 이 노래는 일본에서 아시아태평양전쟁 발발 후 주로 여학생을 중심으로 후방에서 죽창훈련 등을 행할 때 복창했던 일종의 집단암송 노래로서 전문은 다음과 같다.

みたみわれ、大君にすべてを捧げまつらん。　(미타미 와레 스베데오 오오키미니 사사게마츠란)
천황의 백성인 우리는 모든 것을 그대 천황께 바칠 것입니다.

みたみわれ、すめらみくにを護りぬかん。　천황의 백성인 우리는 천황의 나라를 지킬 것입니다.

みたみわれ、力のかぎり働きぬかん。　천황의 백성인 우리는 최선을 다해 힘껏 일할 것입니다.

みたみわれ、正しく明るく生きぬかん。　천황의 백성인 우리는 바르고 밝게 살아갈 것입니다.

みたみわれ、この大みいくさに勝ち抜かん。　천황의 백성인 우리는 크게 이길 것입니다.

요컨대 오개조의 서문(五箇条の御誓文)이 아니라, 「勝ち抜く誓い(가치누쿠 치카이: 승리를 위한 맹세)」를 암송해야만 했다고 서술해야 하는데, 필자의 착각으로 5개조의 서문으로 잘못 기술한 것으로 보인다.

67) 5개조의 서문(五箇条の御誓文): 일본 역사에서 메이지 일왕[明治天皇]이 도쿠가와 막부(바쿠후)[德川幕府]를 무너뜨리고 왕정복고를 이룩한 뒤, 15세 때인 1868년 4월 6일에 정국운영 방침을 천명한 선언문으로 '5개조의 천황 어서문'이라고도 하며 각 조는 다음과 같다.
1. 널리 의회(會議)를 일으켜 만기(萬機: 정치상의 온갖 정무, 제반 문제)를 공론(公論)으로 결정하게 할 것.
2. 상하(上下)가 마음을 하나로 하여 경륜(經綸)을 실행하게 할 것.
3. 관료, 무사에서 서민에 이르기까지 모두 그 뜻을 이루게 하고 인심에 불만이 일어나지 않게 할 것.
4. 구래(舊來)의 누습(陋習)을 버리고 천하의 공도(公道)에 근거하도록 할 것.
5. 지식을 세계에서 구하고 크게 황국(皇國)의 기반을 굳건히 다진다.

5개조의 서문은 일본을 근대화하고 봉건제도를 철폐하며 서양의 의회제도를 도입하는 길을 열었다는 평가를 받기도 하는데 1-3조가 마치 다수에게 언로를 개방하고 참여를 확대한다는 의미로 보이기 때문이다. 하지만 이후 역사를 보면 결과적으로 일왕에게 모든 권력과 권한이 집중되면서 일본은 '천황'을 중심으로 전체 국민을 총동원할 수 있는 군국주의적 파시즘 체제로 나아갔다. 절대 권력으로 추앙된 '천황' 앞에서 삼권분립과 같은 민주적 원리는 결코 허용되지 않았으며 이런 속에서 정당정치, 의회정치는 부정되었던 것이다. 결국 이런 뜻은 현실 역사에서는 일왕 중심의 입헌군주제를 정당화하는 구실로 전락했다. 또, 4-5조에서는 개혁을 통해 구래의 누습을 버리고, 지식을 세계에서 구하라고 되

으며, 볼셰비키 공산당의 역사나 레닌주의의 여러 문제도 연구하지 않으면 안 되었다. 그러나 나는 내 자신이 언제나 조선 사람이라는 각도에서 객관적으로 할 수 없이 암송하거나 또는 조선 인민의 복리福利와 대조하여 연구하거나 하였지 맹목적으로 그냥 집어 삼키지는 않았다.

옥양목玉洋木 중우 적삼[68]에 숙고사[69] 조끼, 하얀 모시 두루마기에 옥색 대님[70]을 매던 몸이 거기에다가 양복도 입어 보았으며 유카타나 아와세에 하오리[71]도 입어 보았고, 우크라인스키 루바슈까[72]에 김나시쬬르까[73]도 입어 보았지만은 옥양목 중우 적삼의 사치스러운 맛을 잊어 본

어 있는데 이는 문명개화론으로 이어지면서 당시 주변 국가들을 야만시(아시아에 대한 야만시)하고 유럽 국가를 문명으로 보는 숭배론을 조장하였다. 결과적으로 이후 일본은 문명교화론을 빙자해 아시아 국가들의 침략(황국의 기반을 굳건히 하라)을 향해 나아가게 된다.

68) 옥양목은 빛이 희고 얇은 무명의 한 가지로 면직물 중 품질이 낮은 직물이다. 그러나 광목보다는 고급품이며, 표백하여 주로 버선·침구·적삼·고이(남자홑바지) 등에 이용되었다. 세탁이 용이하고 가격도 저렴하여 널리 쓰였으며 품질이 낮은 것을 '옥당목(玉唐木)'이라 부르기도 한다. 중우적삼은 바지저고리이다.

69) 삶아 익힌 명주실. 숙사(熟絲)로 짠 고사(庫紗). 고사란 감이 두껍고 깔깔하며 윤이 나는 깁(紗)의 한 가지로, 생고사와 숙고사로 나뉘는데, 숙고사는 명주를 잿물에 삶아 물에 빨아서 희고 부드럽게 만든 뒤 짜기 때문에 생고사보다 질감이 부드럽고 섬세해 주로 봄·가을의 여성용 옷감으로 많이 쓰이게 된다.(패션전문자료사전, 패션전문자료편찬위원회, 1997. 한국사전연구사 참조)

70) 한복에서, 남자들이 바지를 입은 뒤에 그 가랑이의 끝 쪽을 접어서 발목을 졸라매는 끈.

71) 유카타는 일본 복장 중 가장 편한 실내복이다. 남성의 경우 이 옷은 여름 동안 더위를 식히기에 적합하므로 자주 입는다. 아와세는 아와세기누 즉 겹옷으로 안을 댄 기모노를 말하며 초여름과 초가을용이었다. 남성 기모노는 편안한 실내복으로 착용하는 경우가 많기 때문에 손님 등을 맞을 때에는 기모노에 하오리, 즉 일본 옷 위에 입는 짧은 겉옷과 하카마(겉에 입는 주름 잡힌 하의)를 걸친다.

72) 우크라이나식 루바시카를 말한다. 루바시카(рубашка)란 슬라브 여러 지역에서 입는 전통의상으로, 두꺼운 리넨으로 만든 블라우스풍의 웃옷이다. 깃을 세우고, 왼쪽 앞가슴에서 단추를 여며 허리를 끈으로 매는 것이 보통이다. 목 부분과 앞섶이나 소맷부리 등에는 민족적인 자수로 장식하는 것이 특징이므로 이를 보고 우크라이나식인지 여부를 알 수 있다.

73) 러: гимнастёрка (김나스쬬르카) – 군인들이 입는 윗옷. 두터운 린넨 천으로 만들어졌

적은 한 번도 없다.

일본인들의 보다모찌[74]나 스끼야끼[75], 야끼도리[76]나 오뎅[77]도 먹어 보았고, 기름이 둥둥 뜨는 스프나 진한 크림[78], 봉선화처럼 동실동실하게 생긴 뻴레멘[79]이나 라구[80]—같은 것도 먹어 보았지만은, 시레기(무청)를 넣은 된장찌개나 부글부글 끓는 두부국, 고추가루가 벌건 배추김치나

고, 제정러시아 시기부터도 군복의 웃옷으로 착용하여 '군용 루바쉬카'라고도 불렸다. 1960년대까지 민간인들도 많이 입었는데, 우리의 경우 군대를 마친 남성들이 작업복 등으로 군용 잠바를 자주 착용한 것과 유사하다고 볼 수 있다.

74) 일: 牡丹餅. 찹쌀과 멥쌀을 섞어 고물을 묻혀 만든 떡이다. 찹쌀과 팥소로 만든 성묘시 공양에 빠지지 않는 과자를 일컫기도 한다.

75) 일: 鋤燒(서소). 일본의 쇠고기 음식을 대표하는 것으로 세계적으로 알려진 것이다. 일반적으로 관서풍과 관동풍이 있는데, 조리 방법상 차이가 있다. 관서풍은 전이 낮은 철냄비에 쇠기름을 녹이고, 얇게 썬 쇠고기를 굽는다. 이때 설탕을 뿌리고 녹으면 간장·미림·술·다시마 등을 넣어 간을 한다. 표고버섯·쑥갓·두부, 국수같이 생긴 곤약 등을 넣어 익힌다. 오목한 개인 접시에 달걀을 풀고 익은 재료를 차례로 찍어 먹는다. 관동풍은 육수에 간장·설탕·미림을 섞고 그것을 뿌려가면서 익히는 것이 다르다. 관동에서는 흰파를 많이 쓰고, 관서에서는 푸른 파를 많이 쓴다. 샤브샤브가 육수에 고기를 살짝 데쳐먹는 것이라면, 스키야키는 '야키やき' 즉, 구워먹는다는 느낌이 더 강하다고 할 수 있다.

76) 일: 燒鳥(소조). 닭 꼬치구이 요리. 야키도리는 굽는 노하우나 꼬치에 끼는 방법들에 따라 맛이 달라지므로 각 재료들이 가지고 있는 본연의 맛을 최대한 유지할 수 있게 굽는 것이 기술이라고 한다.

77) 일: 御田. 우리말로 '어묵(생선의 살을 뼈째 으깨어 소금, 칡가루, 조미료 따위를 넣고 익혀서 응고시킨 음식)'으로 번역되기도 하나 '오뎅'은 어묵, 유부, 무, 곤약 등을 꼬챙이에 꿰어 장국에 익힌 것을 말하므로 엄밀히 말해 '어묵'은 '오뎅'을 만드는 재료라고 할 수 있다. 그래서 '오뎅'을 대신하는 말로 '꼬치' 혹은 '꼬치안주'가 더 정확한 말이라고 한다.

78) 진한 스프나 크림은 서양식 음식을 지칭한다.

79) 러: пельмени (펠메니). 러시아식 '고기 만두'의 한 종류이다. 2–3cm에서 10cm 정도까지 여러 크기로 만들어지며 만두피가 두껍고, 대부분 고기소가 들어 있으며 끓는 물에 익혀 만두만 건져 먹는 점이 우리와 차이점이라고 할 수 있다.

80) ragout. 질기거나 지방이 많은 고기, 가금류, 생선 등에 여러 가지 채소를 넣어 만든 스튜이다. 라구는 프랑스어로 'ragoûts'라고 하는데, 이는 '식욕을 촉진하다'라는 동사 'ragouter'에서 파생된 말이라고 한다. 러시아에서 라구 요리는 스튜에 한정되기보다 볶는 요리법을 뜻하기도 하는데, 가령 '라구 오보치노예'는 야채볶음으로 사이드 메뉴로 등장한다.

콩나물 잡채의 구수한 맛을 잊어 본 적은 한 번도 없다.

몹시 기다리던 아들이 태어났다고 하여 우리 어머니는 내 어릴 때의 아이 때의 이름兒名을 〈성화〉라고 지었으니 이것은 집안에 성화盛和가 났다는 의미에서였다. 그러나 아버지는 항렬자를 따라 〈시욱時郁〉이라고 불렀고 학교에 들어가자 〈류 지이꾸柳 時郁〉라고 불렀으며, 서울서 몇 개의 시와 소설을 쓰자 할 수 없이 문인협회에 들어가게 되었고, 그러자 만계晚溪 선생[81]이 내게다가 〈춘계春溪〉라는 아호를 주었으니 이때부터 나는 류춘계柳春溪가 되었다. 그 다음 일본인들의 강제적 창씨 설정의 망동[82]에 의하여 하는 수 없이 〈야나기 소다로柳壯太郎〉가 되었고, 해방을 만나자 러시아 사람들은 조선이름이 부르기 힘들다고 하여 저들 마음대로 〈발로쟈Володе〉[83]라고 부르더니 지금은 누가 지었는지 나를 〈막심Максим〉이라고 부른다.

고양이 눈깔처럼 홱홱 돌아치는 환경의 변화는 내 이름을 성화에서 시욱이로, 시욱이에서 류 지이꾸로, 류 지이꾸에서 류춘계로 류춘계에서 야나기 소다로로, 야나기 소다로에서 발로쟈로, 발로쟈에서 막심으로 이렇게 가지각색으로 변하게 하였지마는 조선에 뿌리를 박은 나는 조선 사람으로 꿋꿋이 서서 그대로 남아 있다.

그렇다! 사람은 물론 환경의 지배를 받는 존재이고 환경에 따라 변한

---

81) 저자의 조부가 되시는 분이다.
82) 일제의 강제적인 창씨개명을 일컫는다.
83) 블라디미르의 애칭. 발로쟈가 러시아어에 가까운 발음이며 표기 역시 'Володе'가 아니라 'Володя'가 맞다.

다는 것은 부인할 수 없는 사실이다. 물론 물질적 안정과 사회적 조건은 생활의 필수조건임에 틀림이 없다. 그러나 〈안녕하십니까?〉가 〈곤니찌와〉로 변하고 곤니찌와가 〈스리시태〉[84]로 변했다고 하여서 사람까지 새까만 눈이 새파래지거나 검은 머리가 붉어질 수는 없는 것이다.

　어떤 사람은 말하기를 사람은 물과 한가지라고 하였다. 병에 담으면 병과 같은 모양이 되고, 사발에 담으면 사발과 같은 모양이 되며, 접시에 담으면 접시와 같은 모양이 된다고 - 그러나 물을 논할 때 그 변하는 형태만을 가지고 물을 논할 수 있을까? 여러 가지로 변하는 물의 형태도 물의 성질의 하나임에는 틀림없으니 물은 그 형태만을 가지고 논할 것이 아니라 시원하고 신선한 그 맛을 가지고 물을 논하여야 할 것이다.

　내 고향, 푸른 벌판을 뚫고 나간 하-얀 한오리의 신작로여! 낙동강의 달빛은 얼마나 맑고 깨끗_{皎皎}하며 벌뫼봉의 단풍잎은 얼마나 아름다워졌을까? 북망산에는 새로운 무덤이 얼마나 늘었으며, 미래의 천진난만한 일꾼은 얼마나 탄생하였을까?

　나는 창밖을 내다보며 고향의 가을을 회상하여 보았다.

　고향의 가을! 누-렇게 익어가는 벼논! 연한 바람에 황금의 물결을 이루는 일망무제_{一望無際 : 눈을 가리는 것이 없을 만큼 바라보아도 끝이 없이 멀고 먼 모습}의 이 벼논이야 말로 사실 보기만 하여도 배가 부르다. 방망이 같은 조 이삭이나 하늘을 찌르는 수숫대, 불룩불룩 알이 밴 콩들이며 조롱조롱 달린 팥

---

84) 일본어 인사말인 '곤니찌와'가 나오는 것으로 보아 '시리시태'는 러시아어 인사말 **Здравствуйте**!(즈드라스븨쩨!)로 추정된다. 우리말로 '안녕하세요!'에 해당한다.

들, 땅위에 대가리를 쑥 내민 팔뚝 같은 무우들이나, 양배추처럼 꽁꽁 알이 찬 배추들, 다듬잇방망이처럼 생긴 가지나 발갛게 익은 고추들, 한 포기에 두 되씩이나 나오는 땅콩이나 땅이 떡떡 갈라진 고구마 밭, 입속에서 내민 수염이 다 말라 오그라진 옥수수나 큰 바구니만한 호박들

산더미처럼 짐을 실은 소 장사들은 소의 목에 방울을 달고 새빨간 파초 꽃과 하얀 들국화가 한창으로 핀 오솔길을 쩔렁쩔렁 소리를 내며 이러 끌끌 지나가고, 마을에서는 "떴다! 어기영차 볏단 받아라!"라는 소리에 맞추어 가맣게 올라가는 낟가리며, 탈곡기의 어르릉 거리는 소리며, 지붕 위에 번쩍거리는 도리깨 아들이나, 톡톡 튀는 콩알에 암탉은 구구구구 병아리를 찾고 제비는 놀라서 남국 여행의 바쁜 여장을 수습하는 그러한 가을이다.

지금쯤 내 고향에는 잎이 다 떨어지고 누렇게 오렌지색으로 익은 감만이 달린 감나무는 무슨 큰 꽃나무를 연상케 할 것이고, 조롱조롱 달린 태추들은 붉다가 못해 검은 빛을 띠었을 것이다. 이럴 때의 내 고향의 그 한오리의 신작로는 유난히 더 하얀 것 같고, 하늘은 몇 배나 더 높아진 것 같은 게 어찌도 그리 파란지 형언할 수 없는 그런 고운 색이었다. 외국여행을 많이 해보지 않은 나는 모르거니와 아마 내 고향의 가을보다 더 아름다운 경치를 갖은 곳이 없으리라.

오늘이 음력으로 8월 19일, 추석이며 한가위를 지낸 지 나흘째이다. 추석날의 내 고향은 지금쯤 어떠하였을까? 옛날 같으면 조상 숭배의 풍

습을 가진 내 고향이라 모두가 새로 익은 햇곡식으로 갖은 음식을 빚어 제사를 지내는 날이다. 인절미요 청절병_{靑切餠}[85]은 물론, 시루떡이나 송편, 또는 차노치[86]나 경단도 만들었을 것이다. 대추, 밤, 배, 감, 사과 등의 햇과일은 물론 작년 겨울에 난 송아지도 몇 집 어울러 한 마리씩 잡았을 것이다.

그 옛날 어린 시절, 8월 추석에 제사를 지낼 때이면 아무것도 모르는 철없는 몸이었지만, 영의정으로 임진왜란 때의 공신_{功臣}이요, 문충공_{文忠公}인 서애 류성룡[87] 대감의 13대 직계손_{直系孫} 하회 류씨_{河回 柳氏} 세마공파_{洗馬公派} 종손_{宗孫}이라 하여 언제나 나를 윗자리에 앉히거나 세웠던 것이다. 그러나 그때의 나는 솔직한 고백으로 제사상 위에 차려 놓은 과실이나 떡 들에 정신이 다 팔려서 〈유세차 모월 모일 효손 모_{維 歲次 某月 某日 孝孫 某}

---

85) 절병은 절편, 즉 떡살로 눌러 모나거나 둥글게 만든 흰떡을 의미하며 찹쌀이 아닌 멥쌀로 빚는다. 청절병(절편)은 쑥을 넣어 만든 것이다. 청병(靑餠)이라고도 한다.

86) 찹쌀가루를 익반죽하여 큼직하게 지진 경상북도 안동 지역의 향토 음식. '노치'는 '노티'가 구개음화를 일으켜 생겨난 명칭이다. 노티는 찰기장가루를 엿기름으로 삭혀서 지져 낸 유전병(油煎餠)으로 평안도 지역의 향토음식이다. 안동을 비롯한 경상도 지역에서는 찹쌀이나 찰수수를 이용하므로 차노치라고 하였다.(향토문화대전 참조)

87) 西厓 柳成龍(1542-1607): 실학의 대가이자 명재상으로 경북 안동 풍천면 하회리에서 류중영의 둘째 아들로 태어났다. 일찍 글을 깨쳤고 김성일과 퇴계 이황의 문하에서 동문수학 했으며, 21세 때 퇴계 선생으로부터 "하늘이 내린 인재이니 반드시 큰 인물이 될 것"이라는 예언의 칭찬을 들었다고 한다. 25세 때 문과에 급제하여 예조, 병조 판서를 역임하였고, 동인이었음에도 1592년에는 영의정에 올랐다. 정치가일 뿐 아니라 군사 전략가이기도 했던 선생은 임진왜란 때 이순신에게 『증손전수방략(增損戰守方略)』이라는 병서를 주어 실전에 활용하게 하였다. 말년인 1598년에 북인의 탄핵을 받아 관직이 삭탈되었다가 1600년에 복관되었으나, 그 후 벼슬에 나가지 않고 은거하였다. 파직된 뒤에는 고향에서 임진왜란을 기록한 책 『징비록(懲毖錄)』(국보 제132호)과 『서애집(西厓集)』, 『신종록(愼終錄)』 등을 저술하였으며 65세로 하회에서 세상을 떠났다. 하회마을 인근에 위치한 병산서원(屛山書院)에 그의 위패가 모셔져 있다.

는 감소고우(敢昭告于)⁸⁸⁾하고 축(祝)은 읽으면서도 정신은 제사상 위에 가 있었던 것이다.

사실 밤, 대추, 곶감 등을 드문드문 놓고 양대⁸⁹⁾ 고물로 만든 찰시루떡의 맛을 카스테라나 삐로-그⁹⁰⁾의 맛만 못하다고 어찌 할 수 있으며, 고소한 참기름을 조르르 묻혔고 꿀로 반죽을 한 팥고물로 속을 넣었으며, 솔잎 향기 흐뭇이 풍기는 송편의 맛을 어찌 일본인들의 앙꼬모찌나 러시아 사람들의 삐로스키⁹¹⁾에 비할 수가 있으랴!

고향의 가을! 타향 생활 십수 년, 언제나 가을이 되면 다정다감하던 청년 때의 심정이 아직도 남았는지 엷은 애수를 느끼면서 더 한층 아름답던 고향의 가을을 언제나 회상하여 본다. 내가 이렇게 고향을 그리워한다고 어떤 사람이던 책하려면 책 하여라! 나는 지구의 표면 전체를 자기 고향이라고 생각하는 그런 속세를 벗어난(脫俗) 사람도 아니거니와 쓰간⁹²⁾이나 집시처럼 고향이 없는 사람도 아니다.

고향이나 조국을 생각하지 않고 주의(主義)니 사상이니 하는 것은 뿌리가

---

88) 유세차는 축문 첫머리에 항상 쓰는 문투이며, 모월 모일에 제사를 지낼 권리와 의무가 있는 손자(孝孫)인 누구는 삼가 고합니다(敢昭告于)는 의미이다.

89) 콩과 식물인 동부를 의미하는 강원, 경상도 지방의 방언

90) 러: пирог (피록). 밀가루 속에 고기·생선·야채 등 다양한 재료를 넣고 구워 낸 러시아의 전통요리로 서양식 파이나 우리의 반달형 큰 만두와 모양은 비슷하다. 러시아뿐 아니라 동유럽 국가들에서도 만들어 먹지만 러시아에서 피록(복수형은 피로기)은 그 명칭이 러시아어로 '연회'를 뜻하는 '피르(пир)'에서 유래되었을 정도로 명절이나 행사에 빠지지 않는 전통음식이다. 크기가 작거나 고로케와 유사한 것들은 작은 '피록'이라는 의미로 피로스키(пирожки)라고 부른다.

91) 러: пирожки(피로스키).

92) 러: цыгане(치간). 집시를 의미한다.

없이 언제라도 넘어질 수 있는 얇은 지표면에 붙어 서 있는 나무이다.

오후 여섯 시, 저녁 채비를 할 때가 되었다. 냇가에 가 솥을 씻고 하늘을 쳐다보니, 비는 그쳤으나 하늘은 옅은 잿빛으로 흐리터분한데 솔개 한 마리가 먹을 것을 달라고 요동치는 위신경의 자극을 느꼈는가, 혹은 뜻하지 않은 먹을거리를 발견하였는가 하늘을 빙-빙 돌아치며 A.B.C를 그리고 있다. 쌀을 씻어 얹고 불을 피우는데 까마귀가 한 마리 동쪽에서 서쪽을 향하여 "가-가-" 하며 날아간다. 저 빌어먹을 무자비한 검은 옷의 예언자가 "가-가-" 하며 우니 대체 어디로 가란 말인가? 왔다가 가는 인생을 재촉하는 호령인가? 그렇지 않으면 고향을 그리워하는 사나이를 못살게 굴자는 건가?

▲ 일제강점기 사할린 오토마리(大泊)항

사할린으로 끌려온 이야기

9월 12일

민족해방운동을 하는 지하단체의 일원으로 가담하게 되었고

드디어 서대문 형무소 맛을 보게 되었으며…

출옥하자 그들은… 나를 징용 산업보국대원으로

붉은 쪽지를 주게 되었으니, 이리하여 나는…

사할린까지 끌려오고 말았던 것이다

사할린으로 끌려온 이야기
9월 12일

어제 저녁에는 동화東樺의 부친인 임명식林明植 씨가 하도 이야기를 하라고 하기에 옛날의 기억들을 더듬어 신승언申昇言 씨[93]의 야담 〈옥지환玉指環〉[94]이라는 것을 이야기 하였더니 과연 이야기를 잘한다고 칭찬이 대단하였다. 해룡海龍이나 진협珍協이 등 30대의 노총각들은 남녀 사랑에 대한 이야기에 어쩔 줄을 모른다.

새풀치기에는 아주 좋지 못한 장마는 시작되고야 말았다. 하루 종일

93) 일제강점기에 활발한 활동을 펼친 야담가로 기억되는 신정언(申鼎言, 1902~ ?)으로 추정된다. 그는 김동인이 1935년에 창간하여 1945년까지 발행한 야담 전문 월간지 『야담』에 주요 필자로 활동했고, 『야담』과 비슷한 성격의 『월간야담』에도 참여했으며, 1930년대 후반 "야담계 거장"으로 불리면서 야담집도 출판했다. 야담의 무대 공연과 방송 활동을 병행하면서 그 내용을 대중소설로 집필하기도 한 것으로, 현대식 개념으로는 연극인과 방송인, 소설가를 겸한 직업이었다. 1940년대에는 조선담우회 평의원을 지내면서 전국을 순회하며 야담을 공연하면서 이야기꾼으로 이름을 날렸다. 해방 후 역사소설 저술가로 활동하던 중 6·25가 터진 후 서울에서 실종되었다.

94) 옥지환(玉指環) : 『월간야담』, 47호(1939년 1월) 19-28면에 실린 이야기로, 저자는 와우산인(臥牛山人)으로 표기되어 있다. 선조 시대를 배경으로 한 치정살인 사건 이야기다. 공주감사 이참판이 부인에게 집안의 대소사를 김생이라는 인물에게 의논하라고 부탁하고 길을 떠난 후, 부인은 어느 재상의 정자 낙성식에 초대받아 갔다가 집안의 보물인 옥지환하나를 떨어뜨리게 되고, 이는 지나가던 한량에게 떨어진다. 한량은 옥지환을 돌려준다는 빌미로 밤에 부인을 찾아와 음행을 범하게 되고, 이를 감추고자 남편인 감사의 청부살해 음모를 고풍대라는 낭인에게 부탁하기에 이른다. 공주로 내려간 고풍대가 감사의 방을 습격하였으나 감사인척 하던 김생의 권면에 굴복하여 오히려 돌아가서 악행을 주문한 한량을 살해하며, 김생은 두려워하는 부인에게 이를 잘 처리할 수 있도록 도움으로써 이 감사의 가정을 지켜내게 한다는 내용이다.

토록 비는 그쳤다가는 오고 오다가는 그치고 한다. 이미 쳐 놓은 새풀을 모으지 못한 것도 많은데 썩지나 않을지? 강철이 간 데는 가을도 봄이라[95]더니 내가 일하러 오니까 그럴까? 내일쯤은 날이 들었으면 좋겠다.

어제 저녁에 술이 곤드레 취하여 왔던 직장장職場長[96] 윤尹은 오늘은 술이 말끔히 깨어서 왔다. 비는 오나 일군들이 다 일 나간 것을 보고 그는 만족하였으나 철없는 동화東樺는 밤에 불을 켜기 위해 10리나 되는 곳에서 가지고 온 석유를 모두 쏟아서 자기의 오토바이를 닦고 있다. 부리가디르라는 직업이 그리 쉬운 것이 아니다. 아무리 잘 하느라고 하여도 남에게 비평과 욕을 먹을 수 있거늘 동화처럼 철이 없어서야 어찌 남에게 말을 듣지 않으랴!

풍막 옆 산비탈의 초목들은 하루하루 그 빛이 달라져 간다. 아직 짙은 서리는 오지 않았건만 그래도 싸늘한 대기로 인해 누른빛이나 붉은 빛으로 혹은 적갈색으로 변하여 간다. 불교의 말을 빌려 말한다면 〈생로병사〉의 사고수업四苦修業[97]을 성실히 이행하는 사람이나 기타 동물들과 같이 풀이나 또는 한 그루의 나무들도 4가지 괴로움四苦을 수업하는 모양이다. 이제 머지않아 삼라만상이 깊은 꿈을 꾸게 되는 겨울이 옴을

---

95) 강철(强鐵)은 지나가기만 하면 초목이나 곡식이 다 말라 죽는다는 전설상의 악독한 용(龍)이다. '강철이 간 데는 가을도 봄'이라는 속담은 강철이 지나간 듯 심한 흉년이 지나간 곳에는 아무것도 자라지 않은 초봄과 같이 된다는 뜻으로, 나쁜 방해자가 나타나거나 불운이 겹쳐 다 되어 가던 일을 망치는 경우를 일컫는 표현이다.

96) 공장, 기업소 안의 한 개 생산 단위인 직장을 행정적으로 책임지고 관리하는 사람. 북한에서 자주 쓰이는 용어이며 본문의 브리가디르와 동일한 의미라고 할 수 있다.

97) 불교에서 생로병사(生: 태어남. 老: 늙음. 病: 병들음. 死: 죽음)는 네 가지 괴로움(四苦)으로 통하며 인생은 곧 이 사고를 익히고 닦는 과정(修業)으로 이해된다.

예고하는 가을!

옛날 조선에 있을 때는 엷은 가을 햇볕이 겨드랑이를 스쳐 지나갈 때면 천고마비天高馬肥요 새파란 애수요, 센티멘털리즘sentimentalism : 감상주의이요 하는 소리를 들었지만은 조선과 기후가 많이 다른 이 사할린에는 천저마애天底馬哀[98]인지 빨간 희망인지 실사주의實寫主義[99]인지 도무지 모를 일이다.

개나리도, 들장미도, 봉선화도, 민들레도, 백합화, 다리야, 아편 꽃은 물론, 심지어 백일홍이나 들국화조차 한꺼번에 다 피는 곳이다. 가을이라기보다 조선에 비한다면 겨울에 가까운 기온을 가진 이곳이라 야릇한 변태적 심리와 같은 말로 표현하기 어려운 그 독특한 맛은 보고자 해도 볼 수 없는 것이다.

봄을 붉은 빛과 푸른 빛을 사랑하는 수채화에 능란한 벙어리 화가라고 한다면 가을은 확실히 그 그림을 쪽쪽 찢어 내버리는 가냘픈 신경질의 여인일 것이다.

늦은 가을 땅에 떨어진 풀씨가 이른 봄눈 녹는 물에 싹이 터 여름철에 무성하게 자랐다가 가을이 되면 씨를 땅에 떨구고 그대로 말라 죽는 것이나 사람이 어머니 배에서 나서 일정한 나이에 장가를 가고 또 아들딸을 낳은 다음 나이 먹으면 죽는 것이나 다를 바가 없다. 이것은 동양식 표현으로 말하면 인과관계라고 하는 것이지만 세상만물이 이 원인

---

98) 앞서 언급된 천고마비(天高馬肥:하늘은 높고 말은 살찐다)의 조선 가을에 대비해 볼 때 사할린의 가을은 천저마애(하늘은 낮고 말은 슬프다)로 표현할 수 있다는 저자의 심정을 표현한 문구.

99) 사실주의, 즉 리얼리즘(realism)을 가리킨다.

과 결과의 관계는 다 가지고 있는 것이다. 그러기에 우리가 배우던 물리학 교과서에는 자연계의 인과관계를 연구하는 학문을 물리학이라 한다고 쓰여 있다.

인과관계란 어떤 원인이 어떤 결과를 맺어 주는 것을 말하는 것인데, 다시 말하자면 원인을 A라 하고 결과를 B라고 한다면, A는 반드시 B가 되여야 하고, B는 B라는 것이 되기 전에 반드시 A라는 것으로 부터 출발해야 하는 것이다. A가 B가 되는 경로, 즉 조건을 C라고 한다면, A는 C를 경유하여 반드시 B가 되어야 하고, B는 B가 되기 전에 반드시 C를 경유하는 A가 꼭 있어야 하는 것이다. 이 C라는 것을 동양말로 말한다면 인연이요 연분이요 하는 말들이 있으니 〈연緣〉이라고나 할까?

그래 이러고 보니 내가 고향을 등지게 된 것도 사할린樺太 생활 십수 년에 가슴이 찢어지도록 애타게 그리워하는 고향을 가지 못하게 되는 것도 인과因果의 관계일까? 이렇게 말하고 보니 불교에서 말한 인과응보因果應報라는 것으로 종교적인 향기가 난다.

고향, 한오리의 신작로! 내 어릴 때의 동심에 꽃물을 부어주던 잊을 수 없는 마을, 마을 한가운데 있는 연자방아는 이 마을에 있는 유일한 원시문명의 존재였고, 몇 백 년을 묵었는가 동리 앞 큰 느티나무는 우리들의 요람이었다. 그러나 이렇듯 정다운 잊을 수 없는 고향이건만 나는 한 때에 사실 미련 없이 고향을 버리고 말았으니 그것은 학교를 졸업한 후 얼마간 사회에 눈이 뜨이기 시작한 다음부터였다.

내게 있어서는 베니스보다도, 파리보다도 아름답던 이 마을은 알고 보니 게딱지 같은 초가집이 옹기종기 붙은 보잘것없는 빈민굴이었고, 주춧돌은 있으나 기둥을 잃은 집처럼 쓰러져 가면서도 무지와 무기력에 잠겨있어서 일어설 줄 모르는 그런 한심한 현상이었다. 서울 있을 때 노산鷺山 이은상[100]씨가 언제나

<여보게! 〈막걸리와 개장국과 아리랑〉을 빼 놓고서야 어찌 조선 사람이라

　고 할 수 있는가?>

하던 말과 같이 마을 앞 주막집에서 개를 잡으면 당시 10전[101]을 하는 그렇게도 맛이 있는 개장국도 언제나 먹는 그들이 먹었지 1년은 그만두고 10년이 가도 구경도 못하는 사람들이 80퍼센트가 넘는 그러한 마을이었다. 거기다가 누구를 위한 문명인지 새로운 기와집이 두 채 생겼으니 이것은 면사무소와 주재소駐在所[102]였고, 거기에서 붙어먹는 작자들은 위로 면장이나 순사부장巡査部長부터 밑으로는 소사[103]에 이르기까지 그

---

100) 이은상(李殷相, 1903~1982): 시조 시인이자 사학자이며, 〈그리움〉〈성불사의 밤〉〈동무생각(思友)〉〈그 집 앞〉〈가고파〉〈금강에 살으리랐다〉 등 많은 가곡의 작시자이다. 1922년 시조 「아버님을 여의고」, 「꿈 깬 뒤」 등을 발표하면서 등단하였고 1923년 연희전문학교 중퇴, 1926년 일본 와세다대학(早稻田大學) 사학과를 청강하였다. 귀국한 뒤로 1931~32년 이화여자전문학교 교수를 지낸 뒤 『동아일보』, 『조선일보』에서 근무했다. 1942년 조선어학회사건에 연루되어 구금되었다가 이듬해 풀려났으며, 1945년에는 사상범 예비검속으로 광양 경찰서에 갇혀 있다가 8.15해방을 맞았다.
101) 매우 저렴한 가격을 의미한다.
102) 일제강점기에 순사가 머무르면서 사무를 맡아보던 경찰의 말단 기관. 8·15 광복 후에 지서(支署)로 이름을 고쳤다.
103) 학교나 각 행정기관에서 여러 사소한 일들을 맡아 처리하면서 일종의 관리인 역할을 담당하던 이들을 부르던 말

들의 배경인 일본인들의 힘을 믿고 하는 그 행세란 실로 말이 안 될 정도였다. 이런 고향에 미련이 있을 리 만무한 일이라 내 스스로 버린 고향이다. 그러나 이 마을을 떠난다고 하여 마음까지 벗어날 수는 없었으니, 사회를 보는 눈이 점점 자라나는 반면에 가는 곳마다 도처에서 이런 현상이나 이보다 더한 참혹상을 나는 보았던 것이다.

이리하여 결국은 적은 힘이나마 민족해방운동을 하는 지하단체의 일원으로 가담하게 되었고 드디어 서대문 형무소 맛을 보게 되었으며 중국 침략의 선두에 나섰던 상이군인들이라는 작자들을 위하여 아까운 피를 600그램이나 빼앗겼던 것이다.

출옥하자 그들은 나를 당장에 사상범인思想犯人 교화보호소敎化保護所에 집어넣었으며 마지막 발악의 최후 단계에 들어선 그들은 나를 징용 산업보국대원産業報國隊員으로 붉은 쪽지를 주게 되었으니, 이리하여 나는 이웃 마을 사람 20명과 함께 이 한오리의 신작로를 밟아 사할린까지 끌려오고 말았던 것이다. 이래서 하루 평균 12, 14시간씩 발전소 화부火夫로서 해야 했던 노동은 내게 만성 기관지염이라는 불치의 병을 주었고 시력도 몹시 나빠지게 하였으나 〈부정不正〉이 오래도록 계속되지는 못하는 법이라 모든 조선 사람들과 함께 소비에트 군대에 의하여 8·15 해방을 맞이했던 것이다. 이때의 내 마음은 어떠하였던가?

자유여 실로 오래간만이외다
당신이 삼천리의 벌판을

다시 찾아 주실 때

창백蒼白한 의도意圖만을 벗 삼던 인태리는

아홀스크해海의 바람에다

즐거운 눈물을 흘으렸다오.

중 략中略

자유, 얼마나 아름다운 신神의 이름이냐?

해방, 얼마나 아름다운 생生의 의상衣裳이냐?

내 이제

만세 만만세를

목구멍 저 안에서 부터 외이노니

자유여! 비나이다. 우리들을 위해

빨리 풍물風物과 완구玩具 : 좋아하는 물건를 갖다 주구려

이것은 1945년 8월 15일 한밤에 쓴 내 일기의 한 구절이다.

이것이 시로서 가치가 있느냐 없느냐는 두 번째 문제이고 어찌되었건

이처럼도 즐거웠고 희망에 찼던 것이다. 그 다음 얼마간 후에

칼비스104)처럼 시원스러운 풍경화風景畫다

---

104) Calpis: 일본어 발음으로는 카루피스다. 창업자 "미시마 카이운(三島海雲)"이 몽골에서 가축의 젖을 발효시켜서 만든 음료를 마시고, 힌트를 얻어 일본으로 귀국한뒤 1919년에 판매를 시작한 유산균 음료이다.

길거리에는 부정자 멸不正者 滅의 사진 예고豫告[105] 투성이다.

"스라시태"[106]

"곤니찌와" 보다는 얼마나 향기로운 어음語音이냐?

붓을 꺾어 피리나 부리라던 내가

새로 이 붓을 들었다고 누가 비웃니?

계절도 채색을 탐내거늘

시인이 어찌 새 옷을 사랑하지 않으리

중 략中略

고무 풍선風船에 바람이 정도程度 이상 들어 갔으니

터질 밖에

어쨌든 만주 식후食後에 소화消化(昭和)[107]가 불량不良인가?

　이렇듯 즐거움과 희망에 아무것도 모르던 내 마음은 끝없이 고향을 그립게 하였으니, 비록 한때는 미련 없이 내 스스로 동댕이쳐 버린 고향이라고 하여도 이제 해방이 된 오늘날 거리낌 없이 내 자신이 주인이 되어 매고 가꾸고 또 아름답게 손질할 내 고향이 어찌 그립지 않으랴! 어

---

105) 오늘날로 표현하자면 현상수배범 전단에 해당한다.

106) 스리시태라고도 표현되었다. '안녕하십니까'의 러시아어(즈드라스브쩨).

107) 발음상 消化와 昭和는 모두 소화로 읽히지만 저자는 후자인 쇼와(昭和), 즉 일본 히로히토 왕의 시대를 암시하고 있다. 다시 말해 '만주를 집어 삼킨 후 소화불량'이 된 쇼와 일본의 세가 기울었다는 의미를 내포한다.

른들을 위하여서는 풍물風物도 어린이들을 위하여서는 좋아하는 물건玩具

를 갖추고 실내도 장식해야 할 것이 아닐까? 그 다음의 내 마음은

끼-ㄱ

흐느끼는 기적汽笛이

겨울 새벽 이른 아침

투명한 공기 속에 흩어 지누나!

노선일魯鮮日[108] 삼국 사람이 탔다고

휘여진 허리가 아파서가 아니라

굴르는 쇠바퀴우에

일본인들의 피를 본 모양이다.

그러나 좀 미안타

너이들은 찢어진 추억의 천막을 기우려고

깨여진 미래의 술잔을 마시는데

혼자 마시기엔 너무도 즐거운

이 술잔을 들고

드라비아타를 홰'파람으로 날리노니[109]

참 좀 미안하구나!

---

108) 러시아, 조선, 일본의 세 나라.

109) 트라비아타는 이탈리아어로 타락하다, 방황하다라는 뜻이다. 본문에서는 뒤마피스
의 『춘희』를 오페라로 만든 베르디(Giuseppe Verdi)의 1853년 작품 '라 트라비아타(La
Traviata)'의 한 구절을 휘파람으로 불렀다는 의미로 읽힌다. 곡중에 나오는 유명한 아
리아인 축배의 노래가 일반인들에게도 널리 알려져 있었다.

허나 이제

삼천리 심을 잔디를 어떻게 심으려나

비쳐오는 아침 해'살에

희열_{喜悅}을 던져 보노니

찬란한 희망의 풀밭에

한 줄기 가냘픈 공포가 또그르르르 굴른다

하 략

이렇게 점점 무거운 과제로 변하였으며, 드디어 해방된 조선 땅을, 그 한오리의 신작로를 밟아 곧 갈 줄 만 알았던 것이 가지 못하고 환경이 내 발길을 이곳에 못 박아 버리자,

전 략前略

장미색薔薇色 뜨거운 일륜日輪은 금분金粉을 품으며

싯컴언 라보트닉¹¹⁰⁾의 옷자락과 춤을 추고

Рыба ларёка¹¹¹⁾라는 서투른 로어 간판이

제법 찬 가을 빗방울에 싸느랗게 얼었다.

---

110) 러: работник (노동자).
111) 러: Рыба ларёк (생선 판매점).

퇴색退色한 생활의 축도縮圖와 함께

피비린 과거를 청산했거늘

거츠른 황무지를 화원花園으로 장식하려는

이 애절한 젊은이의 심정이 어째서 잘못이냐?

　중　략

잿빛으로 화化하려는 희망을

치마폭을 꺼 안은 버림받은 사나이처럼

부둥켜안고서

인내라는 두 글자를 입안에 넣고

눈갈 사탕처럼 굴려 보며

픽 비웃고 지나가는

미국제 육륜六輪 자동차를 보는 내 가슴은

확실히 노예보다도 섧구나!

　하　략

이렇게 안타까운 괴로움으로 변하고 말았다. 이것을 어찌 슬픈 사실이라고 아니할 수가 있으랴! 아, 고향아! 한오리의 신작로여! 너는 아느냐? 당신 품에서 당신의 몸뚱이와 한 덩어리가 되지 못하고 이역의 하늘 밑에서 즐거워도 했다가 서러워도 하는 이 심정을.

　나는 이런 가요 시를 지어서 간혹 어떤 노는 자리에서나 관혼축일冠婚祝日

등의 모임에서 이런 노래를 불러본다.

고향이 따로 있나 살면은 고향이지

백일홍도 심어놓고 옥수수도 심어놓고

부모님 모셔보세 사랑도 맺어보세

꽃피는 이 땅일세 살기 좋은 이 땅일세

고향이 따로 있나 정들면 고향이지

방앗간도 지어놓고 돼지 울도 지어놓고

사랑도 맺어보세 아들딸 길러보세

꽃피는 이 땅일세 살기 좋은 이 땅일세

고향이 따로 있나 여기가 고향이지

감자 밭도 손질하고 배추김치 담아놓고

사돈도 삼아 보세 사위도 보아 보세

꽃피는 이 땅일세 살기 좋은 이 땅일세[112]

---

112) 오케레코드에서 1943년에 발매한 노래 '고향 땅'(조명암 작사, 이봉설 작곡, 백년설 노래)을 차용한 것으로 보인다. 오늘날로 하면 노래가사 바꿔부르기쯤으로 이해할 수 있다. 원제가 '정든 땅'인 '고향 땅'은 1943년 3월에 발표되는데 노래가 나온 시점과 가사의 내용으로 인해 일제가 역점적으로 추진하던 만주 이주를 부추기는 선전가로 인식되기도 한다. 노래의 원래 가사는 아래와 같다.

고향이 따로 있나 정 들면 고향이지
백일홍도 심어놓고 옥수수도 심어놓고
부모님 섬겨보세 사랑도 맺어보세
꽃피는 고향일세 농사짓는 고향

고향이 따로있나 살면은 고향이지
빨래터도 꾸며놓고 빨랫줄도 늘어놓고
노래도 불러보세 장단도 때려보세
정다운 고향일세 농사짓는 고향

헛소리인줄 번연히 알면서도, 거짓인줄 번연히 알면서도 이런 가요 자작_{自作} 자창_{自唱}[113]하는 내 마음을 책하지 말아다오. 남을 속이고 자기 자신을 속이는 이것은 너무도 지나치게 고향이 그리워서 일어나는 반발적인 심리작용이며 구슬픈 단념의 눈물인 것이지 다른 것이 아니다. 사람에게 고향이 어찌 없을소냐? 사람에게서 고향을 가져간다는 것은 〈생_生〉을 가져간다는 말과 한가지이다. 다시 말하자면 고향이 없다는 것은 곧 죽음을 의미하는 것이니 죽어 없어지면 고향도 없어질까 살아있는 사람의 마음에서 고향을 빼앗아 간다는 것은 도저히 불가능한 일이다.

이렇게도 애타게 고향을 그리워하는 젊은이의 이 마음이 한낱 꿈으로 돼 버린다면 너무도 딱한 일이 아니냐?

저녁때부터 놋날드리듯[114] 내리던 비는 동무들을 다 돌아오게 하고 말았다. 굵은 비방울이 뚝뚝 떨어지는 풍막 안에서 우리들은 자욱한 연기 속에서 불을 피우며 젖은 옷들을 말렸다.

---

113) 직접 노래하다는 의미로 쓴 이 표현은 사실 단독으로 쓰이지는 않는다. 원래는 자창자화(自唱自和)에서 온 말로 자기가 노래하고 자기가 화답함을 의미한다.

114) 비의 이름 중에 '날 비(놋날처럼 가늘게 비끼며 내리는 비)'를 표현한 것으로 보인다. 놋날은 돗자리 따위를 엮을 때 날로 쓰는 가는 노끈을 의미하며 관용구로 '놋날(을) 드리듯'이라는 표현이 있는데 이는 빗발이 죽죽 쏟아지는 모양을 비유적으로 이르는 말이다. 유사한 표현으로서 '노드리듯'(노끈을 꼰 듯 빗방울이 죽죽 드리치며 내리는)이란 말도 있는데 이는 주로 굵은 비를 표현할 때 쓴다.

徵用令發付番號第五七一號　　川

徵用令書

本籍　朝鮮　慶尚北道　義城郡　◯◯面　小湖洞　一二番地

居住又ハ就業ノ場所　樺太　豊榮郡　川上村大字三井字川上炭山　壹番地

安田舜熈　大正七年十一月二日生

右ノ者左ノ通徴用ス

從事スベキ總動員業務ヲ行フ官衙又ハ管理工場若ハ指定工場ノ名稱及所在地	樺太豊榮郡川上村字川上炭山　三井鑛山株式會社川上炭鑛
從事スベキ總動員業務	總動員物資ノ生産ニ關スル業務
從事スベキ職業	石炭鑛業従業者
從事スベキ場所	樺太
徵用ノ期間	自昭和二十三年三月二十日　至昭和二十年三月二十日
出頭スベキ日時	昭和　年　月　日午前後　時
出頭スベキ場所	樺太
備考	

昭和　年　月　日

樺太廳長官　大津敏男

▲징용영장(사할린 가와카미川上 탄광)

(시) 탄부의 이야기

《탄 광····》

《다꼬베야····》

그 얼마나 몸서리 치는 곳이였더냐

생각만 해도

치가 떨리고 머리가 으쓱거린다.

일케 때는 곳—곳에 파수'군이

독수리처럼 번득거리는 눈알을 펀뜩였고

검은 머루 줄기에

쌀알이 무늬처럼 알롱이는 밤

그나마 주린 배는 채울 수 없어—

용셜에 물리우고, 발'실에 채우면서

또리루 룰어 쥐고, 똥발을 친 쨰

반더'불같은 안전등을 바라보며

몇번이나 입'술을 깨물었드냐?······

▲ 저자의 시.
이 시는 사할린의 한글 신문
『조선노동자』 121호(1960. 6.
17)에 실렸다.

사람들이여, 자라나는 후대들이여!

이것은 나 혼자만의 이야기가 아니다

이것이 바로 화태였고

이것이 바로 우리들의 생활이였다.

금년에는 설마
9월 13일

우리들의 이 간절한 소원도 별수 없이
당분간은 〈금년에는 설마〉일 것이고
12월 31일에 가면 〈내년에는 설마〉로 변할 것이며,
그것마저 떨어지면 또 〈금년에는 설마〉로 변할 것이다

금년에는 설마
9월 13일

부슬비가 오늘도 그냥 계속하여 내린다. 그러나 이런 날을 빼놓으면 일 할 날이 없다고 모두들 일터로 나갔지만은 일도 물론 원만히 안 될 것이고 옷이 젖어 추위에 떨면서 고생하리라!

시냇가 은실 같은 비에 젖은 버드나무는 낭만파 시인인가 흐르는 시냇물을 바라보며 무엇이 슬픈지 잎 잎마다 눈물을 뚝-뚝 흘리고 있다. 견희설犬喜雪하고, 우희우牛喜雨 하고 마희풍馬喜風이라[115]는 말들은 어릴 때 어머니에게서 들은 말이나 실제로 소가 비를 즐기는지 어쩌는지는 소가 아닌 나로서는 이해할 바 없다. 그러나 이 비라는 것이 사람에게 있어서는 확실히 어떤 비감悲感을 던져주는 것만은 사실이다. 더욱이 이 인적 없고 깊은 정적에 쌓인 이 산속에서 구멍 뚫린 풍막에 앉아 비오는 것을 내다보고 있는 그 자체가 벌써 비애를 내포하고 있는 것이다.

나는 저녁 안개처럼 천천히 스며드는, 그것도 아주 조용하게 천천히 스며드는 비감을 옅게 느끼면서 뿌리치려고도 하지 않고 그대로 앉아 있었다. 때로는 애수나 옅은 비감에 잠겨 보는 것도 어떤 일종의 쾌감

---

115) 개는 눈을 기뻐하고, 소는 비를 반기며 말은 바람을 즐긴다.

을 주는 것이다. 만약 고도高度가 심하면 그것은 심적 자격刺激 : 자극을 받아 급하고 세차게 움직임도 심한 까닭에 불쾌감을 줄 수 있지만 가냘픈 애수나 엷은 비감은 세련된 어떤 감정 속에서 확실히 어떤 일종의 쾌감을 주는 것이다. 마치 슬픈 비극을 본 후에 마음은 슬픔에 사로 잡혀 있으면서도 어떤 쾌감 속에서 그 연극을 몹시 호평하는 것과 같이……

그런데 슬픈 비감 운운하였으니 말이지 사실 슬픔과 조선 사람과는 떨어지지 못할 인연이 있나보다. 일제통치 40년간,[116] 이 동안의 역사를 본다면 그것이 다들 비참이나 비애의 기록체이지 다른 것이 아니다. 그 당시에 있어선 너무도 큰 힘이던 이 힘에 억눌려 있으면서, 실제로 그칠 줄 모르는 투쟁을 계속한 사람들도 있었지만은 그것은 극소수에 불과했고 대다수는 언제나 불평과 불만에 이러쿵저러쿵 하면서도 반항하지 못할 힘에 눌려서 소극적으로 스스로 빠져들어 갔으며, 여기에서 할 수 없이 단념이나 포기만을 자기네들의 전용 도구로 가지게 되었고, 눈물을 노리개 삼아 사랑하였던 것이다. 물론 나 자신도 이런 종류의 한 사람이었으니, 그러기에 내가 전공한 문학이 낭만주의였지 그 당시에 있어서는 실사주의實寫主義라는 것은 꿈도 꾸지 못하였던 것이다. 그러므로 지금도 내게 있어서는 골뱅이 껍질처럼 낭만주의가 따라 다니며 떠날 줄을 모른다.

그러기에 내가 서울 있을 때에 경험한 일이지마는 사랑과 눈물을 담

---

116) 일본의 조선 식민 지배 기간은 35년(1910-45)이다. 그럼에도 저자가 40년이라고 표현한 것은 그가 1905년을 사실상 조선의 식민 지배 피해의 시작기로 보고 있음을 의미한다.

은 연극은 대호평을 받아 언제나 초만원이었고, 비애에 잠긴 소설은 재판 삼판으로 팔려나가기에 원고지로 입에 풀칠을 하는 삼문三文 소설가[117]들은 눈물을 찾으려 카페나 요릿집, 혹은 빈민굴 등을 원고지 뭉치와 함께 돌아 다녔다.

생각하여 본다면 조선 인민에게 있어서 눈물이나 포기 또는 소극성이 일제통치 시기에만 발생한 것이 아니다. 그 근거를 찾는다면 수천 년 전의 옛날로 부터 찾아야 할 것이니 봉건제도 아래의 귀족 즉 양반계급의 사대주의 통치는 조선 사람에게 이런 민족성을 양성하고야 말았다.

조선을 떠난 지 십수 년이 되는 지금은 모른다. 그러나 이전의 조선 사람에게서 이 소극성의 범위에서 벗어난 사람이 불과 몇 명이나 되랴! 조선 사람들이 늘상 사용하는 말에 〈죽겠다〉라는 말이 있는데 이 말은 러시아 사람들의 〈니추어–〉나 중국 사람들의 〈메이화스〉[118]처럼 무엇보다도 민족성을 잘 나타내는 말이라고 나는 생각한다.

러시아 사람들의 이 〈니추어–〉는 정말로 대륙적 성질을 가진, 폭도 넓고 깊이도 깊은 말이니, 해방 후 십여 년을 이들과 교제 하면서 나는 이들이 항상 입버릇처럼 사용하는 이 단어를 깊이 생각하여 보았다.

추운 겨울 이불도 없이 난로도 없는 정거장 콘크리트 바닥에서 웅크

---

117) 선정적이고 저속한 소설을 쓰는 이들. 삼문 소설은 주로 도둑이나 탐정에 관한 흥미 위주의 내용으로 되어 있었으며, 미국의 10센트 소설이나 우리나라의 10전 소설 따위가 여기에 속했다.

118) 러시아어 '니치보'는 일상적으로 가장 많이 쓰이는 말 중의 하나다. '괜찮다' '걱정하지 마' '신경 쓰지 마' 정도의 의미를 가진다. 〈메이화스〉로 표현된 중국어는 沒事(mei shi, 메이 쓰)로 여겨지며 위와 동일한 의미이다.

리고 자면서도 춥지 않느냐고 물으면 〈니추어-〉이고 곤란한 환경 속에서 끼니를 몇 때씩 굶고 일을 나와도 배고프지 않느냐고 물으면 〈니추어-〉이다. 떨어진 옷을 입고도 〈니추어-〉이고 잠자리가 불편해도 〈니추어-〉이니, 이 〈니추어-〉주의와 〈니추어-〉 정신, 이것은 웃을 일이 아니다. 조그마한 불평에도 잔소리를 깨 볶듯 하며, 이마에 주름살을 구겨진 휴지같이 세우고 양미간을 곤두세우는 조선 사람에게는 이해 못할 일이나, 이런 느낌이나 생각神經이 동빠줄[119] 같이 굵은 대륙적 민족의 〈니추어〉 정신은 실로 고귀한 것이 아닐 수 없다.

이 정신이 있었으므로 혁명 후 그 어렵던 시기나 파쇼 독일을 물리치던 조국전쟁 시기,[120] 레닌그라드에서, 스탈린그라드에서, 세바스토폴에서, 일주일씩 굶어도 〈니추어-〉이고 한쪽 팔이 떨어져도 〈니추어-〉이었을 그들의 정신이 승리했으며, 또 오늘의 이 부요한 사회주의 국가를 건설하게 되었을 것이다.

〈니추어-〉란 말은 〈아무 일 없다. 괜찮다.〉라는 말과 같다. 어떠한 곤란이나 아무리 심한 아픔에도 그저 〈니추어-〉이니 어찌 난관을 돌파하지 않을 수가 없으랴!

그러나 조선 사람의 〈죽겠다〉는 중국 사람들의 〈메이화스〉와는 정반대이다. 이 〈죽겠다〉란 말은 〈살겠다〉란 말의 반대어로 죽다(사(死))라

---

119) 동빠란 검은 고무로 만든 가로 세로 직경 1.5cm 정도의 네모진 고무밧줄을 일컫는다. 차량의 화물 등을 묶을 때 주로 이용된다.

120) 세계 제2차 대전기에 소련이 독일의 침략을 받은 시기(1941~45)를 의미한다.

는 동사의 자동사가 미래시사_{未來時詞} 〈겠〉을 얻어서 〈죽겠다〉라는 구어에서 설명형의 미래를 말하는 단어로 된 것이다. 〈죽겠다〉라는 단어의 의미는 말할 것도 없이 〈슬프다, 아프다, 괴롭다〉 등을 지나서 영 죽어 없어져야겠다는 〈무無〉가 되기를 바라는 참 정말 기막힌 단념을 말한 것이다.

봉건귀족 통치 시대나 일제강점기의 그 큰 힘에 억눌려 있으면서도 조직자나 지도자를 못 얻은 인민들은 너무나 괴로운 사태에서 벗어나지 못하여 차라리 죽는 편이 낫겠다는 의미에서 이런 단어가 생긴 것이다. 그러나 아무리 이런 형편에서 생긴 단어일지라도 〈죽겠다〉란 이 단어는 옛날에는 정 딱한 경우에만 썼을 것이나 지금에 있어서는 일부 조선 사람들 사이에는 너무나 지나치게 사용되어서 〈죽겠다〉란 말을 빼 놓고는 말이 잘 되지 않는 것 같은 현상을 초래하였다.

몸이 조금 아파도 몸이 아파 〈죽겠다〉, 다리가 아프면 다리가 아파서 〈죽겠다〉이다. 심지어 손톱 밑에 조그마한 가시가 들어도 손가락이 아파 〈죽겠다〉고 한다. 손톱 밑에 가시가 들었으면 빼내면 될 일이지 죽기는, 무슨 죽을 일인가? 콧물이 나와도 콧물이 나서 〈죽겠다〉이고 하품이 나와도 잠이 와서 〈죽겠다〉이다. 글쎄 콧물이 나오면 풀만 될 것이고, 잠이 오면 자면 될 것이지 죽기는 왜 죽는단 말인가?

그것뿐이 아니다. 몸이 가려워도 가려워서 〈죽겠다〉이고 머리가 조금 아파도 머리가 아파 〈죽겠다〉이며, 물이 먹고 싶어도 목이 말라 〈죽겠

다〉이며, 노인들은 대접하기 어려워 〈죽겠다〉이고, 아이들은 고와 〈죽
겠다〉이며 그리운 사람은 보고 싶어 〈죽겠다〉이고 나쁜 사람은 미워
〈죽겠다〉이다.

어찌 그것뿐이겠는가? 맛있는 음식을 잘 차려서 잔뜩 먹어 놓고는 배
가 불러 〈죽겠다〉이고, 좋아서 춤을 추고서 히히거리고 웃다가는 우스
워 〈죽겠다〉이다. 잘 먹어 놓고는 배가 불러 〈죽겠다〉이고, 재미있게 웃
고 놀다가는 우스워 〈죽겠다〉는 이런 식의 말들이 일본어나 러시아어나
영어에 있음을 나는 모르며, 원래 외국어는 잘 모르는 나이지만 지구상
에 비록 이백 수십 종의 언어가 있다고는 하여도 모르기는 하지만 아마
조선말 같은 이런 언어는 없을 것이리라!

이러고 보니, 조선 사람의 유구한 역사를 가진 전통은 다 몹쓸 것이
되는 것 같은 느낌이 있으며, 인민은 무지하고 몽매했을 뿐이 되고 말
았으나 그런 것은 아니다. 우리들에게는 얕은 지식 밖에 갖고 있지 못
한 사람인 나 같은 것은 이해조차 할 수 없는 고귀한 문화유산이 있으
며, 빛나는 전통도 있다. 어쨌든 중국에서 넘겨받은 사대주의 봉건사상
이 주로 조선 인민을 지배하였으나 그러나 그렇듯 심한 봉건의 압박 속
에서도 인민들의 문화는 성장하였으며, 봉건을 반대하는 싹들은 연달
아 트기 시작하였던 것이다.

그것이 비록 그 당시에 있어서는 동양을 휩쓸던 불교문화였다고는 해
도 신라시대의 첨성대요 불국사며 석굴암 등의 경주 유적이나 고려시대

의 유물인 금강산의 신계사神溪寺요, 장안사長安寺를 비롯한 모든 문화들을 어찌 값없이 평가할 수 있으며, 조선 오백 년 시대에도 성종(成宗)[121]의 명을 받은 문신들 (신숙주, 성삼문, 정인지) 등이 제작한 오늘의 우리 〈한글〉이나 당시에 성행한 강판鋼版이나, 측우계側雨計, 해시계 등을 값없이 평가할 수 있으랴!

또한 귀족계급 출신이면서도 연암 박지원燕巖 朴趾源(1737-1805)[122]이나 김립金笠 병연炳淵이며, 다산 정약용茶山 丁若鏞 같은 사람들은 역사상 불후의 자리를 차지한 인민의 일군들이었다. 하지만 어쨌든 이 〈죽겠다〉란 말은 누구의 시작인지는 모르나 과거에는 몰라도 앞으로는 인민들의 반역자들이나 쓸 단어이지 올바르고 참다운 조선의 인민은 쓰지 말아야 할 것이다.

비는 점점 심해지건만 웬일인지 일군들은 돌아오지 않는다. 아마 지금쯤은 물이 줄줄 흐르는 옷들을 입은 채 계절풍과 함께 어느 모로 보아도 소용없는 이 비를 몹시 원망들 하고 있을 것이다.

오후가 되자 84호 산판에서 말을 찾다가 오는 길이라고 전팔경全八慶과 또 한 사람 박(朴)이라는 청년과 와서 시장하다고 먹을 것을 요구하였다. 나는 밥과 국과 그리고 버섯 볶은 것을 주었더니 그들은 맛있게 먹고 고맙다는 인사를 한마디 던지고는 담배를 피워 물며 이야기들을 시

---

121) 왕립 학술기관으로 확장한 집현전에 정인지(鄭麟趾)·신숙주(申叔舟)·성삼문(成三問)·박팽년(朴彭年)·최항(崔恒) 등의 젊은 학자를 등용하여 한글을 창제한 임금은 세종(世宗)이다. 성종은 조선의 9대 임금(재위 1469-1494)이다.

122) 조선후기의 실학자이자 소설가. 배청의식이 강하게 작용하던 시기에 홍대용, 박제가 등과 함께 북학론을 전개하였으며, 중상주의를 주장하기도 하였다. 저서로 『열하일기』, 『허생전』, 『연암집』 등이 있다.

작하였다. 아마 100호 산판까지 가야 할 터인데 비가 좀 그치기를 기다리는 모양이었다.

그러나 뜻밖에도 이들 두 사람의 대화는 비교적 평온을 유지하던 내 마음을 산산이 부수어 버리고 말았으니, 정치부장이요, 원 마우재[123]요, 파견 노무자가 어떻고 선주민先住民이 어떠니, 고향이요 부모요, 동생이요 하는 이들의 대화는 그것이 그 성질로 보아 간단한 문제가 아니고 정치적 성질을 띤 상당히 복잡한 것이었다. 어떤 점으로 본다면 그렇게 반갑지도 않을 이 불의의 침입자들은 그렇지 않아도 마음의 갈래를 잡지 못하여 안정을 잃은 이 사나이를 일부러 괴롭히자는 심산으로 이러는 것일까?

아니다, 이들 역시 나와 같이 조선의 남쪽을 고향으로 하였으며 복잡한 사할린의 조선인 사회계의 끼여 돌아가는 이들에게 있어서도 이것은 물론 중대한 문제임에는 틀림이 없는 것이다. 생사까지는 아직 미치지 못하였다고는 하여도 그 직전에까지 다다른 그런 상당히 신중한 문제가 아닐 수는 없는 것이다.

사실상 사할린 조선인사회는 지금 크게 나누어 세 층의 조선 사람이 있으니, 첫째는 소련 출생으로 소련에서 교육을 받고 (공산)당원이나 혹은 비당원으로 대부분이 정치부장이요 선전부장이요 하는 명목으로 조선 사람들을 지도하러 대륙에서 온 사람들이요.

---

123) 러시아 사람을 얕잡아 부르는 함경도 방언.

두 번째는 해방 직후, 아직 경제적 토대가 바로 잡히지 못한 북조선에서 휩쓰는 생활난으로 사할린에 왔으면서도 거기다가 이름 좋은 라벨[124]을 부치노라 소련에 정치교육을 받으러 왔느니, 국가로부터 파견을 받아서 왔노니 하는 사람이 간혹 있는 파견 노무자가 있으며.

세 번째가 생활난에 의한 모집으로나 징용으로 끌려 왔으며, 틀림없는 일제정치의 가여운 희생자이면서도 지금 사할린 형편에 있어서는 가장 값이 없고도 불상한 형편에 처해 있는 이름조차 고약한 선주민이라는 게 있다.

여기에는 또 괴상한 대명사가 있으니, 그것은 뻬르위이 소-르뜨特品요, 후다로이 소-르뜨二等品요 드레찌예 소-르뜨三等品[125]란 말들이나 이찌방꼬一番粉요, 니방꼬二番粉니, 삼방꼬三番粉니 하는 일본어가 그것이다. 이것은 누가 제일 먼저 지어낸 말인지는 모르나 조선 사람들을 사회적 대우나 생활형편으로 나누어 등급을 설정한 말들이지만 그리 명예로운 말은 물론 아니다.

여기에서 물론 뻬르위이 소-르뜨特品요 이찌방꼬一番粉란 사람들은 대륙 출생의 조선인으로서 정치부장이요, 선전부장이요 하는 사람들이니 그 중에는 이 사할린에 선주민이나 파견 노무자가 없다면 기껏해야 부학쩨르부기원나 콜호즈田園의 작업반장부리가디르 자격도 없는 친구가 조선 사람

---

124) 레테르: 네델란드어 letter에서 온 말로 어떤 인물 등에 대한 명예롭지 못한 평가, 딱지(라벨) 등을 의미한다.
125) 뻬르브이, 프타로이, 뜨레찌이 등은 러시아어 첫 번째, 두 번째, 세 번째 등의 서수 표현에 쓰인다.

덕택으로 이런 자리를 차지하여서 공공연히 잘못을 저지르는 자도 혹시 있으나, 그러나 대부분은 당의 교육을 받은 사람들로써 월급 45원의 부족함이 없는 생활을 하는 사람들이다.

그러나 여기에서 드레찌여 소르뜨三等品나 삼방꼬三番粉는 고사하고 부라크워이 소르뜨不合格品나 도－가이힝等外品보다도 더 억울하고 불공평한 형편에 있는 사람이 이 선주민이란 사람들이니, 이들은 실지實地 현재 사할린에서 물심양면으로 이중의 고생을 하고 있는 사람들인 것이다.

나이 50을 바라보는 중늙은이인 전팔경全八慶이와 박朴이란 이 무명 청년과의 사이에 다투듯이 말하는 대화의 요점인 선주민이란 어떤 사람들인가?

이 선주민 이라는 것을 또한 크게 세 부분으로 나눌 수 있으니 즉 첫째가 1917년 러시아 10월혁명을 방해하기 위하여 시베리아에 출병했던 일본 군인이 징병할 때 그들과 함께 사할린으로 온 사람과 일본 본주를 거쳐서 이 사할린엘 온 사람들을 한 덩어리로 볼 수 있다. 어쨌든 이들은 일본 군인들에게서 각별한 생명의 보호를 받으며, 사할린에 개척 대원으로 온 사람들이니 이들에게서 민족적 전통은 혹시 찾을 수 있을는지 몰라도 민족적 의식을 찾을 수 없을 것 마는 사실일 것이다.

그러기에 이들 중에는 일본인의 앞잡이가 많았고 혹시 이들의 이야기에서 아무개는 똑똑한 사람이라고 하는 사람의 이야기를 들으면 시베리아에서 빨치산 운동을 하던 조선 사람을 일본인들에게 팔아먹은 대가로 일본군대의 어용 청부업자가 된 사람이나, 그렇지 않으면 싼 노력의 대가로 노동자를 때려죽이기까지 하며 혹사하여 일본 국가에 막대한 이익을 줌으로써 자본가의 자리를 얻었으며, 또 거기서 나는 이익으로 일본인들의 중국 침략이나 남방 전쟁에 비행기나 탱크를 선사한 그런 작자들이다.

그러나 이런 유의 인간들은 4만 명 가까운 선주민 중에서도 1-2퍼센트에 불과하고 대부분은 억울하게 모집이나 징용으로 잡혀온 사람들인 것이다.

두 번째가 모집에 온 사람들이니 이들은 일본인들이 1931년 7월에 중국 침략을 시작한 후 1939-1943년간 각 기관에서 노동력 부족을 인식하자 조선 청년들로 하여금 농업에 종사하지 못하게 하였으니, 농산물의 오곡은 물론, 면이요 아마 저마芋麻¹²⁶⁾에 피마자요 참깨 들깨며 감자요 고구마 등까지 전체 공출로 몰수하면서 가격은 극도로 낮추어 경제 봉쇄와 식량 부족으로 생활의 길을 막았으며, 나중에는 가마니는 물론 소, 닭, 돼지 등 가축이나 심지어 소나무의 관솔¹²⁷⁾이며 숟가락에 젓가락 밥그릇이요 마지막에는 부인네들의 머리털까지 공출로 빼앗아 가는 극심한 착취에 견디지 못하여 모집으로 오게 되었으니 모집만 오면 일이야 뼈 빠지던 말든, 또는 하루 12시간은 그만두고 14, 15시간의 노동

---

126) 아마는 목화 다음가는 중요한 섬유작물로 아마 씨에서 짜낸 아마인유는 인쇄용 잉크나 유화용 페인트 제조에 쓰인다. 저마는 모시풀을 의미한다.

127) 송진이 엉긴 소나무의 가지나 옹이. 주로 옹이(나무에 박힌 가지의 그루터기)에 많이 엉긴다. 예전에는 송진이 많은 관솔에 불을 붙여 촛불이나 등불을 대신했다.

을 하더라도, 공출의 잔소리도 없었으며 위신경胃神經의 절반만이라도 만족을 채울 수 있었고, 또한 돈 구경을 못하는 집에다 몇 푼의 돈이라도 부칠 수 있었던 것이다.

세 번째로 1943년 이후 징용으로 온 사람들이니 이 사람들은 말할 것도 없다. 붉은 딱지를 주며 총과 칼로 잡아 온 것이니 말해서 무엇 하리…

이렇게도 딱하게 일제정치에 희생당한 불쌍한 선주민이란 사람들은 지금 국적도 없다. 그래서 외국인이라 하여 이 구역에서 저 구역으로 마음대로 이사도 못하고 고정적으로 한 자리에 있어야 한다. 그리면서도 노동계약도 받아주지 않는다. 그러기에 대륙에서 온 사람이나 파견노무자들은 노동계약에 의한 〈세베르니이 나드바후까〉라는 특별수당[128]을 월급과 같은 배로 받지만 (선주민에게는-옮긴이) 그것도 없다. 그러므로 이들 보다도 노동시간을 8시간에서 더 훨씬 연장하며 일을 악을 쓰고 하여도 노임은 그들의 2/3를 절대로 받지 못한다. 그러니 이것이 선주민들의 물질적 괴로움이 아니고 무엇이랴!

또한 4만 명 선주민에서 약 80퍼센트는 독신자인 바 이 중에서 50퍼센트는 고향에 부모와 처자식을 두고 온 사람이고 약 30퍼센트는 미

---

128) 러: северная надбавка(시베르나야 나드바브카, 혹은 северный коэффициент 세베르느이 코에피찌엔트)-1945년 8월 1일 자로 소련 최고 간부회의가 결정한 '시베리아 극지 근무자를 위한 특혜에 관한 명령'에 근거하여 근무 여건이 좋지 않은 극한지역 근무자에 주어진 특혜를 의미한다. 1946년 3월 1일부터 사할린 근무자는 하바롭스크 등 본토 근무자에 비해 50%의 가산금을, 쿠릴 열도 근무자는 100%의 가산금을 지급받았다. 또한 근무 연한이 길수록 특혜는 더 강화되는데, 1년 노동일을 기준으로 18일의 추가적인 휴가와 매 6개월 당 10%의 인센티브를 적용한 기본급이 지급되었던 것이다. 소위 선주민이라는 현지 거주자에게는 이런 혜택이 적용되지 않았다.

혼의 총각들이다. 그렇지만 신통하게도 일본인들은 공업지대인 북조선에서는 그 지역에서도 노동력 부족을 느꼈기에 농사밖에 없는 조선의 남부에서 다 잡아 왔으므로 가족을 부를 수나 갈수도 없을 뿐 아니라 편지조차 할 수가 없는 것이다.

이 막대한 독신자들의 금욕생활, 17-8세기의 불교승들의 생활을 20세기인 지금에 와서 사할린에서 재현하였다. 여기에서 어찌 괴이한 현상이나 무리한 사건들이 발생하지 않겠는가?

러시아 부인(사람)들과 혹 살림을 하는 사람들이 있어도 행복스럽게 사는 사람은 매우 드물다. 된장국에 보리밥이라도 밥을 들고서 고춧가루가 벌건 배추김치와 새우젓을 먹는 남편과 넘어가지 않아 차마 못 먹고, 스프와 빵을 그리워하는 러시아 부인을 책할 수는 없는 일이며, 또 이런 민족적 풍속이 다른 점으로 생기는 틈도 틈이려니와 내외간의 애정도 물론 이해로 성립될 터인데 언어의 불통은 깊은 애정을 주지 못하게 되어 자주 파탄이 생기게 되는 것이다. 이래서 쥐어박고 차고 마지막엔 칼로 찌르고, 이래서 빈번한 법적문제들이 윤리를 잃은 짐승들처럼 생기는 것을 나는 자주 본다.

조선에서 장가라고는 한 번도 가보지 못하고 20세의 청년으로 온 만여 명의 젊은이들도 청춘이 시들어 가는 34-35세의 중년이 되었다. 이들의 장래는 대체 어떻게 되는 것인가? 소나 말이 아니어서 거세할 수 없는 일이거든 이 어찌 인류의 대사大事가 아니랴! 새로운 학문을 배우는 20세 어간의 처녀들은 사교춤은 물론 러시아 말도 잘 모르는 이 노총각들을 상대하기는커녕 거들떠보지도 않는다. 그러나 평생소원인 장가를 한번 가보자고 알뜰히도 벌어 모은 돈을 만 원이나 2만 원을 쓰게 되면 정치부장이나 선전부장 또는 신문기자들은 말로 글로써 인신매매에 대한 공격을 하게 되고, 또 이 돈은 처녀 부모들의 술값이나 중매쟁이의 협잡挾雜으로 반 이상이 없어지게 된 다음 마지막에는 기막히는 이 〈신부 없는 잔치〉라는 웃지도 울지도 못할 희비극이 생기게 되는 것이니, 이것이 선주민들의 기막히는 마음의 괴로움이 아니고 무엇이겠는가? 이렇게 이들은 물심양면의 괴로움 속에서 허덕이고 있는 것이다.

전팔경이나 박 청년의 대화는 이런 문제의 것이었다. 그러나 이들이 하루는 그만두고 열흘이나 한 달을 이런 풍막 속에서 언성을 높여가며 싸움으로 이야기 한다 해도 해결될 문제도 아니며, 또 이 문제를 가지고 싸우다가 두 사람이 다 죽어 없어진다 하더라도 해결될 문제가 아니건만 이들에게 있어서는 너무도 간절하고 딱한 문제인지라 결국 잠간이라도 한가한 자리에서 이런 말이 나오게 되는 모양이다.

박朴이란 청년은 알고 보니 경상남도 울산이 본적이며, 부모 형제를 두고 온 남의 셋째 아들로서 장가란 가보지도 못한 채 징용으로 끌려온 36세의 노총각이요, 전팔경이라는 사람은 경북 김천에다 아들딸 4남매를 놓아두고 빚에 졸리다 못하여 모집募集에 왔으며, 맏딸이 26살이니, 외손자를 보아도 벌써 둘은 보았겠다는 46세의 중늙은이다.

〈가지도 못할 고향은 생각해서 뭘 할끼야!〉

하는 전 팔경의 말에 박 이라는 청년은 목에다 핏대를 올리며

〈아 소련 사람들 이마빡에다가 직접 총을 쏘아붙이던 일본 사람도 다 갔는데 죄 없는 우리가 못 갈라구요?〉

〈그렇지만 못 가는 걸 어째?〉

〈그런따나 봐요 금년에는 설마 무슨 수가 날 테니!〉

박 청년은 그래도 희망을 버리지 않고 있다. 금년에는 설마 하는 박 청년의 말에 나는 가슴이 뭉클해지는 것을 느끼며 풍막 밖으로 나와 버리고 말았으니, 그 이상 어쩐지 거기에서 견디기 어려웠던 까닭이다.

〈금년에는 설마!〉 실낱 같은 가는 희망을 이 금년에는 설마라는 〈설마〉에다 걸고 살아 온 우리들, 옛날 사람은 〈설마〉가 사람 죽인다고 하였다. 그러나 〈설마〉라는 것조차 없어진 우리들의 앞에 오는 캄캄한 암흑은 무엇으로 막을 것인가? 우리들에게서 이 〈설마〉마저 가져간다는 것은 너무도 잔인한 일이다.

이 박 청년이나 나나 전팔경이나 해방 후 13년간 어느 해를 물론하고 〈금년에는 설마〉란 말을 하지 않은 해가 있었던가? 그러나 우리들의 이

간절한 소원도 별수 없이 당분간은 〈금년에는 설마〉일 것이고 12월 31일, 마지막 일력(日曆)이 한 장 남았을 때에 가면 〈내년에는 설마〉로 변할 것이며, 그것마자 떨어지면 또 〈금년에는 설마〉로 변할 것이다.

이 〈금년에는 설마〉란 말을 해마다 외우며, 불귀의 객이 된 이가 몇몇이며, 젊은 청년들의 이마에 주름살은 얼마나 늘었을까? 정신병원에서 벽에다 달력을 그리는 이 몇몇이며, 혀가 꼬부라지도록 술을 먹고는 아내와 아들의 이름을 부르며 땅을 치고 통곡하며 우는 이는 몇몇인가?

고향을 그리워하는 이 마음에다 사상이니 주의이니 하는 가치 있는 레벨을 꼭 부치려고 하는 사람들을 간혹 대하게 되지만 나는 그들의 이 말을 이해할 수가 없다. 고향을 그리워하고, 부모나 처자이며, 형제간의 혈족을 그리워하는 인간 필연의 이 욕구에다 어찌 가치 있는 딱지를 꼭 붙여야 하는가?

누구나 귀향에 뜻을 두는 것은 꼭 잘 먹고 잘 살자고 해서가 아닐 것이다. 귀향 후에 만약 복잡스러운 사태나 경제 붕괴로 생활난이 그들을 찾아온다면 물론 낙담도 할 것이요 실망도 하겠지만 적어도 현재 상태에서는 그들의 안목에 이런 일들은 추호도 보이지 않을 것이다. 또 사실적으로 허-연 솜 덩어리 같은 빵에다가 진 버터를 척척 발라 설탕에 찍어 먹으며, 고기와 기름이 숟가락에 휘휘 감기는 스프를 먹고서 마음 한구석에 채울 수 없는 공허를 가지고 있기 보다는, 보리밥에 열무김치와 된장에 풋고추 하나만을 반찬으로 하는 한이 있더라도 부모와 형제를 모시고 정든 아내와 아들딸의 장래를 어찌할까 하며 걱정 하는 편이 그들에게는 한층 더 보람 있고 행복한 생활이 아니겠는가?

또 〈아, 이승만李承晩[129]이 미국 사람과 둥지를 친 남조선에 가서는 뭘 해? 고생만 했지…〉하는 대륙출신의 동무들이 하는 말을 들을 때도 있다. 하지만 이것도 옳지 못한 말이지 그래 이승만이 문화나 경제정책을 미국식 그대로 이식하였고 또 미국인들의 안하무인의 그 백정놈 같은 행세가 날로 심하여 진다고 하여서 고향을 버리거나 다들 달아나거나, 또는 거들떠보지도 않는다면 거기는 대체 어떻게 될 것인가? 이렇다고 하여서 조선을 버리거나 생각지도 않는다면 이것이 어찌 조선을 사랑하는 진정한 조선 사람의 행세라고 할 것이며, 조국이 있는 민족이 걷는 길이라고 할 것인가? 이것은 옳지 못한 행세이다. 조국이 그런 형편에 있으면 있을수록, 곤란스러우면 곤란스러울수록 그 속에 뛰어 들어가 그 문제의 해결책을 위하여 투쟁해야 할 것이고, 또 이래서 얼마간이라도 곤란을 타개하는 일에서 참다운 민족적 긍지감을 느끼는 것이 조국과 고향을 가진 민족의 가는 길일 것이다.

더욱이 지금은 전쟁의 시기가 아니라 평화의 시기이다. 조국이나 고향이 원수의 손에서 위태로울 때라면 알렉산드르 마뜨로쏘브나 이수복李壽福처럼 적의 화구火口를 끊는 심장으로 틀어막을 줄도 안다.[130] 또 총

---

129) 이승만(李承晩, 1875-1965): 한국의 정치가·독립운동가, 초대 대통령. 독립협회, 한성 임시정부, 상하이 임시정부에서 활동했다. 광복 후 우익 민주진영 지도자로 1948년 대한민국 초대 대통령에 당선되었다. 4선 후, 4·19 혁명으로 사임했다.

130) 1942년 12월 독일과의 치열한 접전이 벌어지던 스탈린그라드 전투에 참여한 알렉산드르

을 들 형편이 안 된다면 부모나 처자를 생각하거나 자기 일신의 감정에
만 급급해서는 안 되며 한 개의 총알이나 한 그루의 나무라도 더 베어
서 전선이나 후방을 더 튼튼히 하여야 한다는 것도 잘 안다. 그러나 지
금은 전쟁이 종결된 지도 십여 년이며, 누구나 부모를 모시며 아내와 함
께 자식들을 쓸모 있는 인물로 키워나가야 할 평화시기가 아닌가?

박 청년의 말과 같이 지금은 전 세계 방방곡곡에서 직접 사람을 죽
이는 전쟁에 가담하였던 군인들조차 자기 조국으로 돌아가 평화를 위
하여 행복한 가정들을 영위하고 있지 않은가, 그런데도 불구하고 전쟁
에 참가도 안한 비전투원인 평민일 뿐 아니라 더욱이 본의 아닌 강제노
동에 끌려와 고생하던 우리들이 갈 곳으로 못가고 있는 것이 어찌 불합
리한 일이 아니며, 불공평한 일이 아닐까?

사실 러시아말 발음이 조선말보다 더 잘 돌아가며, 꾸반[131)]의 풍요한
전원田園[132)]이나 타슈켄트를 자주 회상하는 어떤 정치부장은 전팔경이나

마트로소프 일병은 자신의 중대가 독일군 벙커를 돌파하지 못하자 벙커의 기관총 총구
앞까지 기어가 자기 몸으로 벙커 창을 덮어 진격의 길을 내었고 사후에 레닌 훈장을 수
여받음으로써 유명해진 전쟁영웅이다. 이수복은 북한 군인으로 6.25 당시 인민군이 대
승을 거두었다는 5대 전투의 하나인 '1211고지 전투'의 전쟁영웅이다. 1951년 9월부터 10
월까지 벌어졌던 강원도 금강군 '1211고지' 전투에서 자기 몸을 던져 적의 화력을 중지시
킨 인물이라는 점에서 '이수복'은 소위 북한 판 마트로소프라고 할 수 있다. 1952년 공화
국영웅 칭호를 수여하며 북한은 이수복을 '적의 화구를 가슴으로 막고 부대의 진격로를
열고 장렬하게 전사한 영웅'으로 선전하고 그가 전쟁 전에 다니던 화학전문학교를 '리수
복전문학교'로 개명하기도 했다. 북한은 지금도 꼭 달성해야 할 과제를 제시할 때 '1211고
지'라는 명칭을 붙일 만큼 이 전투를 미화하고 있다.

131) 쿠반(러: Кубань)은 러시아 북카프카스 지역 카라차예보체르케스카야 공화국, 스타브로
폴 지방, 아디게야 공화국을 흐르는 쿠반 강 유역을 일컫는다. 쿠반 강에 접한 대표적인
도시는 크라스노다르, 체르케스크 등이 있다.

132) 콜호즈, 혹은 솝호즈를 의미한다.

박 청년과 같은 사람들의 심정을 이해하지 못하리라! 그러나 나는 안다. 마을 앞에 있는 한오리의 하ー얀 신작로며, 푸른 들판, 그리고 수백 년 묵은 느티나무나 마을 한가운데 있는 연자방아를 눈 속 각막에 눈앞의 실물처럼 똑똑히 비쳐보는 나는 안다.

금년은 꼭 갈 것이라고 십여 년이나 속으면서도 그래도 희망을 버리지 않는 박 청년의 애절한 마음을 나는 알며, 외손자가 그립지 않고 정든 아내가 그립지 않을 리 없는 전팔경이 '못갈 고향을 생각하면 뭘 하는가'고 볼멘소리로 쏘아붙이는 그 안타까운 마음을 나는 안다.

내가 다시 풍막 안을 들어오니 두 사람이 다 담배만 뻑ー뻑 빨며 시무룩해가지고 앉아있었다. 나도 담배를 피워 물며 무거운 풍막 안 공기나 깨뜨리려는 듯이 "언제 가도 죽기 전에 가겠지!"하고 그들에게 하는 말인지 내 자신에게 하는 말인지 모를 말을 입안에 든 티라도 뱉듯이 탁 뱉어 버릴 때 내 가슴 속에는 참을 수 없는 공허감이 치밀어 오르고 박 청년이나 전팔경이는 무슨 말들을 할 듯 할 듯하면서 무거운 공기에 억눌려서 입이 열리지 않는지 끝내 입을 열지 않았다.

얼마 지나지 않아서 비 그친 것을 이용하여 이들은 가버렸으나 내 가슴은 천근이나 되는 듯이 한없이 무거웠고 역시 참을 수 없는 공허감이 치밀어 옴을 어쩔 수가 없었다.

아! 고향아, 한오리의 신작로여! 네 비록 흙과 돌로 이루어져 생명이

없는 물건이지만 네 조선의 길이며 우리의 길이거든 이런 문제를 해결하
는 길이 제발 좀 되여 다고나!

▼ 단밀면과 낙동면 사이를 흐르는 낙동강

내가 네 품에 안길 수 있을 때까지

9월 14일

아! 고향아! 네가 나를 부를 때까지,
내가 네 품에 안길 수 있을 때까지 어떤 일이 있더라도
살아있어야 할 터인데 그래 필경은
나를 사할린 땅의 한 줌 흙으로 만들고 말터이냐!

내가 네 품에 안길 수 있을 때까지
9월 14일

〈지는 해가 뚫리면 내일은 반드시 날이 좋다〉라는 옛날 농촌 천문학자들의 예언을 어릴 때부터 들어왔다고 하여 그것을 굳이 믿는 바는 아니지만 어제 저녁 지는 해가 그렇게 곱게도 지더니 오늘은 아침부터 날씨가 좋아, 모두들 원기가 왕성하여 일터로 나갔다.

지구가 이미 우주의 중심이 아닌 지 오랜 오늘날 천문학의 발달도 말할 수 없겠으나 사실상 기후도 마음대로 할 수 있는 오늘날 과학의 견지-(발달)에서 본다면 한 번 웃고 말 일에 불과하겠으나 농촌 늙은이들의 기상예보도 과연 터무니없는 헛소리만은 아니었다. 옛날 어머니에게서 들은 말이나 삼태성三台星[133]이 물을 먹었으니 내일은 비가 온다〉거나 〈달이 물을 둘렀으니 내일 날씨가 좋지 못하리라〉든가 〈처마 밑 구름이 진 것을 보니 소낙비가 온다거나〉 등은 어떤 경우 놀랄 만치 정확성을 가져서 어린 나로서는 어머니를 큰 무슨 학자로 여기도록 하였던 것이다.

경험은 실로 위대한 것이다. 고기압이나 저기압의 밀리바millibar나 풍속이 몇 미터라는 것은 전혀 모르는 그들이면서도 먼 할아버지 시대로

---

133) 겨울철의 가장 대표적인 길잡이 별인 오리온자리의 나란히 선 세 개의 별.

부터 겪은 경험은 간단한 날씨예보는 비교적 정확히 할 수 있을 정도의 귀중한 소산을 이루었다. 비록 천天은 원야圓也요, 지地는 방야方也[134]라고 하였으며, 공간에 사방으로 넘쳐나는 전기 작용인 낙뢰를 〈벼락〉이라고 한 때도 있었다고는 하여도, 그래도 은하수가 기울면 가을이 온 줄도 알았으며, 북두칠성이 서쪽으로 기울면 봄이 멀지 않다는 것도 그들은 알았다.

첫 가을이라고 한 것이 어제 갔더니 가을은 완전히 짙어지고 말았다. 낙엽이 우수수 떨어지는 것을 보는 내 눈에는 확실히 애수 이외에는 아무것도 없으리라! 농사를 지은 가을의 들판을 바라본다면 가슴속에서 일어나는 흐뭇한 즐거움도 느끼련만 그러나 산속 풍막에서 홀로 앉아 이따금 지나가는 바람결에 우수수 떨어지는 낙엽을 보는 내 가슴 속에서 당장 일어나는 느낌은 비애와 같은 큰 것은 아니나 애수 이외에는 있을 수 없는 것이다.

감정의 발동과 그 행위와의 사이에 전혀 1밀리미터의 거리도 없다면 그것은 개나 돼지 같은 짐승이지 물론 사람은 아니다. 그렇다고 하여 지나친 생각 끝에 달팽이 껍질 같은 굳은 껍질을 스스로 만들어 덮어 쓰고 점점 오그라들어가는 이런 생활은 개나 돼지만도 못한 버러지 같은 생활이 아닐 수 없다. 그렇다 지금의 내 생활이 이런 것이다. 그러나 여기에는 이렇게 되지 않을 수 없는 사정이 존재하는 것이지 공연히 이렇

---

134) 하늘은 둥글고 땅은 네모지다고 믿은 옛 사람들의 천지 관을 말한다.

게 된 것은 물론 아니다. 가부간 이런 내게 어떤 사람이던 희망에 찬 노래를 불러 보라고 요구한다면 그것은 박 넝쿨에다 수박이 달리도록 하라고 요구하는 것이지 다른 것이 아니다.

한때에 사할린의 조선인 교육계에 몸을 바쳐 오던 나는 멀지 않아 조선으로 갈 것이라는 희망과 그 동안이나마 민족문화 재생에 자기의 정력을 이바지 한다는 일정한 목적을 가졌기에 참 정말 헌신적인 노력을 하였었다. 식량부족으로 인한 굶주림도 내게 큰 타격을 주지 못하였으며, 불법적으로 사고파는 소위 야매 장사꾼들이 책보로 싸 들고 다니는 뭉치 돈의 백 원짜리도 나를 유혹하지는 못하였고 하루 저녁에 불과 두 세 시간 밖에 자지 못하는 수면부족도 내 건강을 상하게 하지는 못하였으니, 이 당시의 나는 낡은 잔재와의 투쟁도 상당히 강하게 하였고, 새로운 목적에 대하여도 무엇보다도 충실하게 움직일 수 있는 한 적극적이었던 것이다. 다시 말하자면 그 당시의 내게는 민족 문화를 재생시키려는 욕망이 온 몸에 가득하였고 다시없는 훌륭한 목적이 있었기에 몹시도 즐거웠고 또한 행복스러웠다.

그러나 지금의 내게는? 아―무런 희망이 없다. 이렇게 말한다면 어떤 사람은 나를 출세주의자라고 할는지는 모르나 새풀 밭에서 밥을 해주는 사람이 희망을 가진다면 얼마나 큰 희망을 가질 것이며, 또 앞으로도 희망을 가질 길이 없는 것을 어찌하나? 그러기에 이 희망과 병행하는 즐거움이나 행복감은 물론 있을 수도 없으며, 어디까지나 소극적이

다. 영양도 그리 부족하지 않으며 수면도 지나치게 만족하건만 그럼에도
건강은 그때보다도 훨씬 못하여 걸핏하면 앓아눕는다.

어찌하여 희망을 가지지 못하느냐고 반문하는 동무들을 나는 간혹
대하게 된다.

사실 큰 학문은 없다고 하여도 겉모양이나 마음이 남에게 지지 않는
현숙한 부인이 있고 또 2남 2녀의 아버지인 나이니 단락한 가정의 분위
기에 만족하고 아이들이 자라는 모습에 희망을 가지면 행복할 수도 있
는 일이다. 그러나 나에게 내 개인의 행복만으로 스스로의 일생을 종결
지으려는 것은 근본적으로 잘못이다.

이것은 내 성격이 야생적이라서 그런 것도 아니요 또 무슨 큰 민족주
의자이거나 나아가서 애국주의자이며 혁명가라서 그런 것도 아니다. 나
는 철학자가 아니어서 잘 모르지만 사람은 누구나 주위를 떠나도 개체
라는 존재를 인식할 수는 있으나 그러나 거기에서 〈생生〉을 느끼지 못할
것이다. 주위의 모든 환경 - 즉 혈통이나 용모는 물론이거니와 습관이
나 풍속 언어 등 이 모든 문화 속에 자체가 한 개의 세포로 용해되었을
때에 비로소 생生을 느끼게 될 것이 아닌가?

개체의 행복만을 누구나 욕구한다면 부모는 물론, 자식이나 아내도
자기 개체의 행복을 위하여 존재하는 것에 불과하다고 인정될 터이니
여기에서 발생하는 극단의 이기주의는 미국식 실존주의보다도 몇 배 더
극악한 결과를 초래하고야 말 것이다.

부모나 처자가 나를 위하여 필요한 것처럼, 나도 물론 그들을 위하여 필요해야 할 터이니, 여기에 주위를 떠나 개체의 〈생生〉을 인식하지 못하는 이유가 있는 것이다. 그러므로 나 역시 열렬한 애국주의자나 혁명가는 비록 아니지만 조국이라는 것을 가진 양심 있는 인간이니 자기 개체의 행복만으로는 절대로 만족할 수 없는 것이다. 김○○ 장군 같은 분은 물론이거니와 일제의 철창에서 넘어진 수많은 애국열사들이나 또 지난 조국전쟁시기(즉 6·25동란기)의 이수복李壽福을 비롯한 수없이 많은 그 영웅들을 어찌 감히 개체의 행복만을 생각한 사람들이라고 할 수 있으랴![135]

문학을 좋아한다고는 하여도 나는 원래가 시인은 아니다. 그러나 그것이 즉흥적이던 또는 깊은 사색 끝에 일정한 빠포스[136]를 가진 낭만성의 표현이든 간혹 노래를 불러 보기를 즐기는 사람이다. 그러나 이 즐기는 노래를 잊은 지 무릇 수년 – 어찌 이것이 가여운 사실이 아니겠는가?

비록 북한만이 옳은 궤도를 걷는다고 일방적인 자랑을 하지만 어차피 남북 간에 허리가 끊어져 두동강이가 난 몸뚱이가 된 내 고향이 아닌가?

낙동강 가 구포龜浦벌 위에는 지금도 갈꽃은 나부낄 것이고 남원의 광한루에는 춘향의 높은 절개가 아직도 서리어 있을 것이며, 진주라 남강 촉석루에는 논개論介의 구국정열이 서리어 있을 내 고향, 이 아름다워야 할 내 고향을 U.S.A란 글자가 뱀처럼 꾸불거리며 황무지로 만들고 있

---

135) 남북한에 관한 내용은 저자가 한국의 사정을 전혀 모르는 상황에서 북한 측 정보만 듣고 기술한 것으로 보인다.
136) 작품 전반에 일관되어 있는 열정. 러시아어 пафос(파포스)에서 온 용어.

을 것이고 슬기로워야 할 인민들은 일제 때보다도 오히려 더 서러운 멸족의 길을 걷고 있을 터이니 어찌 내 입에서 노래가 나올 것이며, 또 사할린에서의 조선인 사회계라는 것도 보면 대부분이 궤도를 잃은 기차처럼 쿵덕쿵덕 불균형한 소음과 함께 탈선하고 충돌을 하며, 넘어지는 이런 현상이니 여기에서 어찌 노래가 나올 수 있을 것이며, 또 노래를 부를 수 있는 마음의 여유가 생길 것이냐?

노래라는 것이 미래-기약도 못하는 일이지만-의 행복한 생활의 화폭을 찬양하는 것만이 아니라 그 화폭을 향해 전진하면서 투쟁하는 그 과정 속에서 흘러나오는 것이라야 한다. 뿐만 아니라. 또 노래라는 것이 기교가 필요는 할지라도 기교로써만 되는 것은 물론 아닌 이상 노래를 부르는 그 자체가 〈노래〉의 감정 속에 홀연히 한 덩어리가 되여야 하는 것인데 지금의 내게 있어서 무슨 노래가 나오려 해도 어찌 나올 수가 있으랴! 그러기에 해방 후 13년이나 지나도 나는 노래라고 〈원수〉(미제가 북반부를 대량살육과 함께 침공할 때)라는 것과 〈평화투사들!〉(갱내 소-조 친선 부리가다를 보고)이라는 것 이외에는 불러 보지 못했다. 이 시들은 물론 신문 『조선노동자』朝鮮勞動者[137]에 발표하였으나 전날 이렇게 시 쓴 것을 안 신문사에서는 지금도 시를 써보라고 권고하고 있지만 나는 그때마다 쓴 웃음으로 대하고 마는 것이다.

그렇다. 지금의 나는 그 달팽이 껍질 같은 소극적인 영역 속에 묻혀

---

137) 1949년 6월에 창간된 사할린의 한글 신문으로 『레닌의 기치』에 이어 오늘날은 『새고려신문』으로 발행되고 있다.

있는 것만은 사실이다. 그러나 일제 통치시대의 너무도 크던 그 힘은 나를 소극적인 사람으로 키웠다고는 하여도 해방 후부터 나는 십여 년 동안에 보고 듣는 것으로부터 많이 배웠고, 또 이 소극성이란 것이 아무런 결과도 가져오지 못하는 것을 배워서 알았으며, 그러기에 이 껍질을 벗어 던지고 그 잔재를 시정하고자 노력하였으며 또 이 잔재를 영영 벗어 던져 버린 때도 있었던 것이다.

몇 월호인지는 모르나 최광생崔光生에게서 빌려본『조선 문학』에 전관진이란 시인의 〈달밤〉이란 아래와 같은 시를 나는 보았다.

좋아라 시월의 밤은
씻은듯 맑은 별 속삭이고
물소리 날듯 달빛은 흘러

좋아라 그대와 나 나란히
모래 우에 철썩이는 파도 소리 들으며
끝없이 바닷가 거닐음은…….

무엇이던 말하고 싶고나
바다의 노래 조용히 울려오고
온 누리 빛과 기쁨에 넘치는 이 밤 ――

……사랑의 밧줄을 댕기며

먼 바다 풍랑(風浪)을 헤쳐 온

그 젊은 사공의 이야기이며

바다 그 넓고 깊음을 두고

어찌하여 한번 맺어진 사랑

그처럼 넓고, 그처럼 깊어질까도…….

그리다가 문득 달빛이 흐리고

파도소리 높으면 근심 되누나

먼 바닷가 거기 무어 보낸 우리의 배가

배 뭇는 나날에는 꽃 피였거니

우리의 사랑 우리의 청춘도

그러기 바란다. 바람도, 파도도 일지 말기를

……다시 고요히 달빛은 흘러

바다는 은빛으로 빛나고

모래우에 비끼는 정다운 그림자

아! 어머니 조국 땅은 안아 주누나

뜨거운 사랑의 품에 그대와 나를

영원히 복되라고 영원히 참되라고 −

시인의 시 정신의 내면세계에 이것밖에 없으니까 이것밖에 나오지 않았으리라! 그러나 나는 적어도 이런 시 정신을 사랑할 수 없는 자신만의 마음을 가지고 있으니, 이런 시라면 사실 지금과 같이 소극적인 마음속에 사로잡혀 있는 내 자신도 얼마든지 쓸 수 있는 일이다. 이 시는 목가 牧歌이다. 옛날 유목민들이 풀밭을 거닐며 사랑하는 처녀와 함께 따뜻한 햇볕을 쬐고 승냥이 떼나 이리 떼야 오지 말라! 그리고 바람도 비도 오지 말라라며 부르는 그런 노래, 즉 다시 말해서 무기력하고 안온한 기분 속에서 읊은 그런 〈목가〉인 것이다.

사랑하는 청춘 남녀의 애정의 세계를 통하여 발표된 이 시인의 감정에는 조국이 끝없이 평온한 목가적인 낙원이 되기를 한없이 그리워하는 심정이 흘러있다. 그러나 조국이 이러한 낙원이 되기에는 물론 장해도 투쟁도 있어야 할 것이지 제대로 되지는 않을 터인데 거기에 대한 투쟁이 없으니 이것은 오히려 소극적인 공상이라고 아니할 수 없는 것이다.

고향이나 조국이 이 시인이 바라는 것과 같은 그렇게도 안온한 목가적인 낙원이 되기에는 현재처럼 남북이 갈라져 있는 사정에 있지 않더라도 기막히는 난관이나 장해가 있을 터인데 더욱이 지금의 형편 같은 동족분리의 상태에 있어서야 말해 무엇 하랴!

어떤 투쟁이 있더라도 싸워 이겨서 기어이 복된 낙원을 건설하겠다는 그런 굳센 마음의 흐름이 있어야 할 것이지, 그렇지 않아서야 나는 이것을 긍정할 수는 없는 일이다. 더욱이 〈이남은 이남대로 지껄이라지, 나는 우리 북반부만 보고서 한 노래인데…〉 한다면, 이 시인이 우리 민족으로는 용서하지 못할 사람이라고 단언하지 아니 할 수 없는 것이다. 그러므로 투쟁 없이 이상의 현실을 바라는 이 시인의 시 감정을 어찌 소극적인 공상이라고 아니할 수 있을 것인가?

이상이나 공상이란 것이 다 같이 현실이 아닌 하나의 상상임에는 틀림없으나, 그러한 이상이란 현실의 가능성이 있고 더 합리적인 것을 말하는 것이요 공상이란 것은 실현의 가능성도 없을 뿐 아니라 불합리한 것을 말하는 것이다.

그러나 어쨌든 이것은 내가 할 말이 아니다. 조선에서도 시인도 있고 소설가도 있으며, 평론가도 물론 있을 터이니 그들 중 누군가가 가장 적당하게 말하리라! 다만 생각한다면 내 자신이 노래를 잃은 사람이 된 것만은 안타까운 일이 아닐 수 없다.

이제까지 이 일기에 쓴 바와 같이 내 주위에서 나는 모든 조선 사람들이 다 한결같이 음울한 표정과 이방인으로서의 그림자를 가지고 다니는 것을 보며 (내 자신도 그렇지만) 또 간혹 젊은 청년들로서 벅찬 희망을 가진 사람을 보아도 이들이 조선 사람이면서도 조선 사람과는 아주 거리가 먼 존재로 되어 있기에 내 자신이 그들과 한 덩어리의 감정이 되지 않노니 객관적 찬양으로는 노래의 윤기도 없을 뿐 아니라 박력도 없으므로 나오지도 않을 뿐 또 나온댔자 노래가 되지도 않는 것이다.

이것은 물론 소비에트인과 조선인과의 경계에 서 있는 내 자체가 아직 현시대의 긍정적 인간이 되지 못한 데 있겠지만 그러나 나는 아무래도 조선이라는 것을 떠나서 소비에트인이 될 수는 도저히 없는 일이다. 이러한 내 심정을 어떤 사람은 반反 소비에트적이요 민족주의자의 편견이라고 할는지 모른다. 70여 민족이 한 가정을 이루는 소비에트 사람들의 눈으로 본다면 너무도 적은 과연 지방주의적인 감정 속에 빠져 허덕이는 사람이라고 할 것이다. 그렇지만 부자지간의 혈연을 끊지 못하는 것과 마찬가지로 민족을 주살誅殺할 수는 없는 일이 아닌가? 아무렇게나 말하려면 말하여도 좋다. 그러나 만약에 조선 사람이 조선 사람으로서 궁극적인 목적이 소비에트인이 되는 데 있다고 하여도 그것은 참다운 조선 사람으로서 먼저 출발한 후에 도달하거나 할 일이지 양심 있는 사람이라면 조선이라는 것을 떠나서 될 수는 없는 일이다.

혹시 일제강점기에는 그 소위 〈황국신민의 서사〉라는 것을 맨 먼저 선창하고 일본을 위하여 온갖 충성을 다 한 사람이 해방이 되자 어느새 공산주의자가 되어서 "우리 소비에트 국가는…" 운운하며 큰 소리치는 소비에트인이 된 사람을 본다. 이런 사람들의 다수는 일제강점기에 자본가이었거나 또는 일본인들의 앞잡이로서 조선 사람을 잔혹하게 부리며 그 고혈을 뽑은 사람들이니 이들에게서 조선 사람으로서의 양심은 물론 찾지도 못하겠지만 풍력이나 풍향을 지시하는 바람개비처럼 잘도 변하며 도는 이들의 사상이 소비에트인으로서 얼마나 참되고 훌륭하게 되여 있는가는 사실 의문이 아닐 수 없는 일이다. 물론 소비에트 공민이 되었다고 하여 다 이런 사람이 아니며, 또 이런 사람 중에도 완전히 새로 태어난 사람도 간혹 있을 것이므로 이 말은 보편적인 말이지만 모두가 참되고 훌륭한 소비에트인이 되었다고는 절대로 믿을 수 없다.

그럭저럭 저녁때가 되었다. 저녁 준비를 할 시간이 되었기에 나는 밖으로 나왔다. 바람은 시원스럽고, 넘어가는 저녁 햇빛도 남은 빛을 비쳐주며, 공기는 더 한층 시원스럽건만 역시 내 마음은 무겁기 짝이 없다!

아! 고향아! 한오리의 신작로여 돌아가는 연자방아나 느티나무야! 네가 나를 부를 때까지, 내가 네 품에 안길 수 있을 때까지 어떤 일이 있더라도 살아있어야 할 터인데 그래 필경은 나를 사할린 땅의 한줌 흙으로 만들고 말 터이냐?

▼오호츠크해

3만 명 조선인의 목소리
: '조국아, 아우야, 아들아'
9월 15일

이제까지 쓴 이 문제들은…

내 일신상의 사정인 동시에 또한

사할린에 거주하는 전 조선 사람들의 사정인 것이다.

이것은 나 하나의 목소리인 동시에 사할린에 있는

3만 명 조선인의 목소리인 것이다

3만 명 조선인의 목소리: '조국아, 아우야, 아들아'
9월 15일

나의 산속 생활도 이제 15일 즉, 반달이 지나갔다. 반 개월, 15일간, 360시간, 21,600분, 1,296,000 초. 이렇게 계산하고 보니 굉장히 많은 시간이지만 어느덧 지나가고 말았다.

어쨌든 반달을 오늘은 헤아려보아야 하는 날이다. 예상보다도 빨리 새치기가 여기에서 끝났기에 이 골짜기를 향하여 40킬로미터를 더 들어가야 하는 것이기에 내일은 이른 아침부터 풍막과 식량들을 말에 싣고 떠나야 한다. 밤새껏 무엇을 중얼거리던 시냇물도 강가에 서 있는 가지가지의 활엽수들도, 빨간 열매가 조롱조롱 달린 사시나무나, 보라색 나비 꽃 같은 꽃이 거의 다 시들어 가는 〈가라후도부시〉들도 보름 동안 정다운 것이었건만 버리고 가지 않을 수 없는 사정이다.

그리고 이제까지는 이 풍막에서 새풀 밭이 너무도 거리가 멀기에 점심도 싸가지고 다녔으므로 식모 노릇을 하는 나는 풍막 안에다가 식량이나 도구 등을 놓아두고 비울 수가 없어서 경비원까지 겸한 까닭에 시간적 여유도 있었으나 여기에서 40킬로미터를 더 들어가면 거기는 새풀 밭 바로 한가운데에 풍막을 쳐야 하기 때문에 밥을 끓인 다음에도 잠시라도 한가히 있을 수 없는 일이다. 식사 후 그릇만 씻은 다음 다른 사람이 일하는 곳에서 그냥 있을 수는 없는 일이니 응당 낮이나 월까[138]를 들고 나서야 할 것이다. 그러므로 내가 15일간 이제껏 달아서 쓰던 이 일기도 당분간은 마지막을 고해야 하는 운명해 처해 있다.

산중 15일간 불순하던 기후 관계로 일을 원만히 하지 못하여 겨우 하루에 38원씩밖에 벌지 못한 불평과 불만으로 가득 차 모두가 투덜거리는 사람에 심지어 일을 그만 두겠노라고 봇짐까지 싼 사람이 있었으나 다시 좀 참아 보자고 결국은 결론을 내리게 되였고 다음엔 피곤한 몸들을 새풀 주머니에 던지자 모두들 잠이 들었다. 나는 다 곤히 잠든 이 풍막 속에서 흐르는 시냇물 소리를 들으며 가물거리는 석유 등잔불을 의지하고 지금 15일째의 일기를 쓴다.

그렇다. 이 일기의 마지막을 고하는 15일째의 일기 – 이름을 붙여서 〈산중반월기〉라고 한 이 일기의 마지막 날인 15일째의 일기를 대체 무엇을 쓸 것인가? 사실은 쓸 것이 없어서 이러는 것이 아니라 너무 많아서 이러는 것이다. 그럼으로 쓰고자 하는 것을 기왕에 다 쓰지 못할 바에는 가장 중요하다고 생각하는 것, 다시 말하자면 내 마음에서 떠나지 않는 마음의 어떤 뭉텅이 중에서 제일 크다고 생각하는 한 대목을 써야 할 것이다. 무엇을 쓸까? 어느 것을 쓸까? 그렇다! 사랑하는 동생 시영이에게 편지나 쓰자!

---

138) 러: вилка(빌카). 포크나 삼지창 모양의 기구를 통칭한다.

사랑하는 나의 아우 시영아! 내 지금 산속 풍막에서 〈산중반월기〉라고 이름붙인 이 일기의 마지막 날에 네 이름을 불러 나는 내 마음을 기록한다. 이것이 비록 편지체의 글이라고는 하여도 편지도 아니며 또 편지라고 한댔자 너는 받아볼 수도 없는 이런 글을 나 홀로 종이 위에 너를 불러 내 마음을 위로하고 또 두드리고 하노니 지금의 내 마음은 확실히 광야에서 홀로 버림 받은 유목민의 한 사람과 조금도 다를 바가 없구나!

시영아! 사랑하는 아우야! 지금 너는 무엇을 하며 어떻게 지내느냐? 이 세상에서는 누구보다도 가장 가까운 사이인 너인 만치 나는 이 일기에서 맨 먼저 너를 불렀어야 할 것이었으며, 또 그러고도 싶었다. 그러나 사실은 너를 잊었다거나 너를 생각할 필요가 없어서가 아니라 너를 부르기가 마치 무슨 아까운 것 같고 또 아직 불러서는 안 되는 것 같기도 하여, 불러버리고 난 다음에 반드시 찾아올 고독이 무섭기도 하여 미루었던 것이다. 이 일기가 반월半月에 끝나지 않았다면 아직도 너를 불러보지도 않았을 것이고, 또 한 달이 가나 두 달이 가나 끝까지 혹은 부르지 못하였을는지도 모른다. 마치 무슨 귀중하고 아까운 것에 차마 손을 대지 못하는 것과 같이…….

그러나 시영아! 사랑하는 아우야! 아버지와 어머니는 지금쯤 돌아가시지나 않았느냐? 불효막심한 이 자식을 얼마나 원망하였으리 — 나는 무슨 남처럼 특별한 효자노릇을 하고 싶어서가 아니며, 마음속 깊은 곳에서 옛날의 중국 자로子路[139]요 곽거郭巨[140]요 맹상孟嘗[141]이처럼 그런 마음이 우러나서가 아니라 다만 남의 자식으로서 보통의 남의 자식들이 부모에게 하는 것과 같은 그런 평범한 자식 노릇도 하지 못함을 탓할 뿐이란다.

출생 후 40여 년, 인생의 2/3 이상의 길을 이미 걸어 온몸이며 희미하게나마 내가 갈 인생의 마지막 종점이 벌써 보이는 것 같은 현재에 이

---

139) 자로(子路, -542~-480). 이름은 중유(仲由), 자로는 자이다. 공자(孔子)의 문하생으로 중심적인 인물이었다. 본디 무뢰한이었는데 공자의 훈계로 입문(入門)하여 곧고 순진하여 헌신적으로 공자를 섬겼다. 성미는 거칠었으나 꾸밈없고 소박한 인품과 부모에 대한 효도로 공자의 사랑을 받았으며 용기가 있어 가르침을 받으면 실천에 옮기고 스승에 대해서까지 비판하기도 한 인물이었다. 공자와 14년의 천하주유, 망명생활을 함께 했으며 공자가 노나라로 돌아갈 때 위나라에 남아서 공씨의 가신이 되었으나 왕실 계승 분쟁에 휘말려 괴외의 난 때 전사하였다. 내란 소식을 들었을 때 공자는 그의 죽음을 예언했다고 한다. 그의 효도는 자로부미(子路負米)라는 사자성어로 유명하다. 즉 '자로가 쌀 짐을 지다'는 의미로 자로가 가난하여 매일 남의 쌀을 등짐으로 지고 100리 밖까지 날라 그 운임으로 양친을 봉양했다는 말에서 유래했다.〈공자가어(孔子家語) 치사(致思)〉 경북 안동 지역에서 유생들이 윷을 놀면서 부르는 저포송(樗蒲頌)속에서 '빙상에 구어 하니, 왕상의 효도 런가./ 백리에 부모 하니, 자로의 효도 런가'라는 구절로 칭송되고 있다.

140) 효자전(孝子傳)에 소개된 중국에서 효를 실천한 24명의 대표적 인물의 하나. 곽거지효(郭巨之孝: 곽거의 효도)로 유명하다. 후한(後漢)시대의 인물(생몰년은 미상)이었던 곽거는 가난한 처지에서도 노모를 극진히 섬겼다. 아내와 품팔이를 하여 어머니를 봉양했는데, 어머니가 식사 때마다 손자에게 음식을 나누어주자 어머니 몫이 줄어든다면서 "아이가 어머니 음식을 나눠먹으니 가난해서 봉양하기가 힘들다. 아이는 다시 얻을 수 있지만 어머니는 그렇지 못하다.(兒分母饌 貧不能供 子可再有 母不可再得)"고 하며 땅을 파고 아이를 묻어버리려 했다. 그때 돌 뚜껑이 나와 열어보니 황금 솥이 담겨 있었고 이를 하늘이 내린 것이라고 말했다.

141) 맹상은 후한(後漢) 때의 효자로 이름난 설포(薛包)의 자라고 한다. 설포의 효도는 소학(小學)의 선행편(善行篇)에 실려 있다. 설포의 아버지가 계모에게 장가를 든 후 계모 등 씨는 천성이 악하여 항상 그를 죽이려 하였다. 설포는 배움을 좋아하고 행실이 두터워 자신을 쫓아낸 아버지의 집 밖에 움막을 짓고 아침에 들어와서 물을 뿌리고 마당을 쓰는 등 보모를 섬기는 정성을 게을리하지 않았다. 아버지가 화를 내며 다시 쫓아내었지만 마을 입구에 움막을 짓고서 새벽과 저녁으로 문안을 폐하지 않았다. 결국 한 해가 지나 부모가 부끄러워하며 그를 돌아오게 하였다.

르기까지 한 번도 부모를 모셔보지 못했으니 어찌 아무리 불초[142]한 인간이라도 이것이 한이 되지 않겠느냐? 특별히 곱지는 않다고 하여도 그다지 밉게도 생기지 않은 아내와 희롱을 하며, 자라나는 아이들이 어처구니 없는 재롱을 피울 때에 적어도 그 순간만은 가슴속 한복판에서 만족한 웃음을 떨어뜨리는 현재의 이 몸, 스뻬르트[143]를 마시곤 목청을 가누어 노래도 불러보며 아무 일 없는 듯이 허허허허 웃어도 보며, 남의 집 잔치에 가면 혀로부터 식도에 이르기까지 짜르르 느끼는 독한 술맛을 온 몸에 느끼면서 즐거운 사람처럼 터무니없이 노들강변도 불러보고 어랑 타령도 불러보며 장고의 가죽이 뚫어져라고 두드리는 이 몸이지만 부모님은 그래도 자식이라고 나를 한시도 잊지 않으셨으리……. 물론 고의로 이런 불초를 저지른 것도 아니요, 애타게 가고 져도 못가는 고향이라고는 하여도 결국 불효는 불효이지 다른 것이 아니다.

사랑하는 아우야! 너도 지금쯤은 남의 부모가 되었으려니 알 것이며, 나도 이제 여러 아이의 부모가 되니 이해할 수 있는 일이다. 부모가 자식을 낳아서 기를 때 저 가슴속 깊은 그 속에서부터 우러나오는 자식에 대한 무한한 애정은 결코 그 자식이 자라서 자기를 잘 받들어 주리라는 선입감先入感 뒤에 우러나는 그런 이지적 작용인 것이 아니라 본능에서 우러나는 동물로서의 가장 값있는 감정 그것일 것이다. 사실 자식이 주어서 받아먹을 때만 즐거운 것이 아니라 자기가 자식에게 줄 때의

---

142) 不肖는 부모를 닮지 못한 어리석은 자식이라며 겸손하게 부르는 일인칭 표현이다.
143) 독한 술.

즐거움은 더 말할 것이 없는 것이다. 그러므로 이 애정이야 말로 넓이나 길이나, 높이니 두께니, 깊이니, 크기니 하는 한계를 정할 수도 없는 그런 크고도 거룩한 것이다. 이렇게 큰 사랑을 받아서 자라나온 내 몸이 이 부모를 단 한 번도 옳게 받들지를 못하였으니 이 어찌 가슴 아픈 일이 아니겠느냐? 그러나 부모님께 있어서는 지금의 내가 당신들을 받드는 것은 고사하고 40의 중년으로 늠름히 자라 제법 코밑에 수염까지 짙었으며 남에게 지지 않는 아내를 데리고 귀여움이 가득한 아이들과 함께 그 앞에 나타나는 것만 가지고도 다시 없이 만족하실 것이다.

그러나 시영아! 가지 못하는 이 사실을 어이하리! 정말이지 어떻게 한단 말이냐?

사랑하는 아우야! 시영아! 네가 부모님 곁에 있으면 태산이 무너져도 별일이 없을 줄은 안다. 그러나 현재와 같은 남조선의 형편에서 더욱이 가혹하던 그 국내전쟁國內戰爭을 치른 후라 이것을 꼭 믿어야 할지 어쩔지는 사실 의문이구나! 지금 쯤 부모님은 자식 잃은 늙은 거지처럼 굴다가 한줌의 흙으로 변하고 말지나 않았느냐? 혹은 살아 계신다면 잘못되어 미국인들이 버린 통조림 깡통을 주우러 다니시지나 않느냐? 어머니는 행여나 굶주림에 견디지 못하여 앙상하고 바짝 마른 손으로 풀뿌리를 캐다가 미국인들의 총알에 맞아 넘어지지나 않았느냐?

고향의 마을 – 한오리의 신작로와 돌아가는 연자방아, 그리고 커다란 느티나무를 회상하면서 펜으로 네 이름을 불러 부모를 회상할 때 가지 못하는 고향을 머릿속에만 간직한 내 가슴은 서럽게도 우는구나!

사랑하는 아우 시영아!

우리들의 누이는 지금 어디서 어떻게 지내느냐? 48년도에 네게서 마지막 편지를 받을 때에 누이는 혼자서 철哲이만을 데리고 서울에 있다는 소식을 들었는데 지금쯤은 어데서 어떻게 지내는지?

그 옛날 내가 아직 어리든 시절, 너는 그때 아직 나지도 않았으며 난 후에도 나이 너무나 어려서 어머니의 젖줄기에 달린 너는 몰랐지만은 출가외인이라 하여 딸은 아무렇게나 생각하고 아들만을 귀중하게 여기는 그릇된 봉건적 관습과 더욱이 기다리던 아들이 났다고 하여 나만을 너무 소중히 여기는 옳지 못한 아버지의 편벽된 교육은 어릴 때의 나를 둘도 없는 무뢰한으로 만들었으며, 그 반면에 누이는 모든 일에 참을성 있는 여성으로 자랐다. 나는 걸핏하면 6년이나 위인 누이와 쥐어뜯으며 싸웠고 그때마다 잘잘못간에 누이만이 늘 아버지로부터 책망을 들었던 것이다. 그러나 누이가 시집으로 떠나던 날 나는 아침부터 울며 보채었고 웬일인지 설명도 못할 서러움이 온몸을 휩싸 학교로 가는 6 킬로미터의 길을 끝까지 울며 걸어갔던 것이다. 그 당시 누이를 보내고 텅 빈 것 같은 우리 집에서는 어머니도 울었고 나도 울었건만 아버지는 즐거운 얼굴이었으니, 그것은 자형이 아버지의 예상보다도 훨씬 더 얌전하고 똑똑한 까닭이었다. 며칠이 지난 후 당시 소학교 5학년이던 나는 작문시간에 아래와 같은 동요를 지어 선생에게서 칭찬을 받은 것이 기억난다.

시집가신 누나는 어머니 눈물

어머니의 눈물은 내게도 눈물

아버지의 얼굴은 기쁘신 얼굴

사위 잘 보셨다고 싱긋 뻥긋

사랑하는 아우 시영아! 너도 자란 후에는 알게 된 일이다. 우리들이 사랑하는 누이 — 키가 작달막하고 여성다운 성격과 단정한 맵시는 누이가 엄격한 가정제도에서 소유한 구학문이나 신학문과 더불어 나무랄 곳이라고는 전혀 없는 여자이었건만 그러나 불운한 숙명을 누이는 가지고 있었던가? 행복이란 잠간동안 밖에 그것도 자형이 고등공업高等工業에 재학 중이요 결혼 후 불과 3, 4년이라는 이때만은 누이도 행복스러웠던 것이다. 그러나 고등공업학교에서 자형이 퇴학을 당하고 경찰들이 주목하는 대상이 되어 피해 다니게 되자 젊음으로 비둘기처럼 부풀어 오른 누이의 가슴에는 근심이 떠날 날이 없었던 것이다. 더욱이 자형이 참사를 당한 후부터는 나는 가슴이 쓰리고 아파서 누이를 차마 바로 쳐다보기가 어려웠던 것이다.

사랑하는 아우야! 너도 알다시피 누이의 시집은 그 당시 영남에서도 유명한 혁명가의 집이었다. 누이의 시아버지인 김재봉[144]씨가 조선에

---

144) 김재봉(金在鳳, 1890~1944): 경북 안동 출생으로 1908년 대구의 계성학교(啓聖學校: 계성고등학교의 전신), 1914년 서울의 경성공업전습소를 졸업. 1919년 3·1운동으로 체포되어 징역 6개월의 옥고를 치른 후 『해주일보』 경성지사 기자가 되었으나 1920년 말 『해주일보』 폐간으로 퇴사. 1921년 1월 조선독립단의 문건을 전달한 혐의로 체포되어 징역 6개월을 선고받았으며, 출옥 후 소련으로 망명하여 1922년 11월 이르쿠츠크파 고려공산당과 상하이파 고려공산당의 연합대회에 참가한 이후 이르쿠츠크파 고려공산당에 입

서 제 1차 공산당건설의 공로자로 활약하다가 8년이라는 형무소 생활을 하였고 누이의 시형 김련이 중앙일보사 신문기자로 있으며 그 역시 공산주의 운동을 하다가 4년간 형무소 생활을 하였으며, 누이의 남편인 김단이 고등공업학교 재학 시부터 이런 사업을 고학생 칼톱 클럽에서 하다가 퇴학을 맞았으니, 말하자면 아버지와 아들까지 합하여 전부가 공산주의 사업에 참가한 그런 집안이었다. 당시 중학교 1학년인 내게 자형이 쓴 편지에는 아래와 같은 구절이 있었더라.

…군君아! 전 조선을 활동무대로 삼고 활약할 군君아! 군의 머리 위에는 시베리아에서 불어오는 굳센 바람이 속삭이지 않던가?…

이 구절이 무엇을 말하는 것인가를 그 당시에는 나는 물론 알 바 없었으나 지금은 잘 알고도 남는 일이다. 이러한 정신을 가진 자형은 2, 3년간을 어찌어찌 피하여 다니다가 마지막에 어떻게 되어 조선 산금産金

당하였다. 1923년 초 블라디보스토크로 이주하여 코민테른 극동국 산하 고려국(高麗局)에서 활동하다가 5월에 코민테른으로부터 공산청년회와 조선공산당을 조직하라는 임무를 받고 귀국하여, 그해 7월 홍명희(洪命憙)·홍증식(洪增植)·구연흠(具然欽)·박일병(朴一秉) 등이 중심이 되어 결성한 신사상연구회(1924년 11월 화요회로 개칭)에 가입하고『조선일보』기자로 재직하면서 김찬(金燦)·김낙준(金洛俊)·신철(辛鐵) 등과 함께 조선공산당 창당을 준비하였다. 1924년 4월 조선노농총동맹과 조선청년총동맹을 결성하였으며, 이들 조직을 기반으로 1925년 4월 조선공산당을 창당하고 초대 책임비서에 선임되었으나 같은 해 12월에 제1차 조선공산당 검거사건으로 체포되어 징역 6년을 선고받았다. 이후 조선공산당 창당시 산하조직인 고려공산청년회의 책임비서로 선임됐던 박헌영이 공산당 내에서 주도권을 잡게 되었다. 김재봉에게는 2005년 3월 1일에 독립운동가로서 건국훈장 애국장이 추서되었다. 안동시 풍산읍에는 김재봉이 태어나 자란 안동 학암고택(鶴巖古宅)이 중요 민속자료 179호로 보존되어 있다.

주식회사 영종도永宗島 금광에서 일하며 노동운동을 하던 중 그는 여덟 사람의 노동자의 목숨을 살리려고 굴 밑에 들어갔다가 그들은 구하였으나 자기 자신은 그곳에서 치여 끝내 납작해져 죽은 시체를 나는 보았던 것이다. 이때 누이의 시아버지인 김재봉 씨는 조문을 온 경관을 무섭게 노려보며 아랫입술을 지그시 물었고 누이는 함께 관 속에 들어가겠노라 몸부림을 치다가 아버지의 두루마기를 잡고서 〈아이고! 아버지!〉 하고 목 놓아 울 때 딸에게는 언제나 그렇게도 매정스럽던 아버지였었건만 목구멍에서 끄르륵하는 소리가 나는 것을 나는 들었고 나는 그저 목이 메여 끽끽 거리며 울었던 것이다.

이렇게 이날부터 아깝게도 26세의 청춘의 몸으로 철이라는 아들 하나만을 안고 누이는 혼자 몸이 되었고 이 혁명가의 가정에는 슬픔에 찬 찬바람이 불었던 것이다. 그러나 네 편지에 의하면 김재봉 씨조차 아깝게도 조선의 해방을 보지 못하고 해방 직전인 1944년 가을에 돌아가셨다고[145] 하였다. 그러나 단 한 사람 누이의 시형인 김련이 죽은 동생과 돌아가신 아버지의 투지를 받들고 해방 후 조선을 위하여 싸우고 있다고 하니 반가운 일이나 그때까지 누나는 철이 혼자만을 데리고 있다고 하니 이 어찌 불쌍하지 않겠느냐?

아무리 남편은 죽었다고 하여도 한 남자만을 사랑하며 또 사랑하겠다는 고결한 누이의 성격을 내 모르는 바 아니며, 또 그럴 줄 짐작도 했

---

[145] 1931년에 김재봉은 일경의 가혹한 고문으로 다리를 쓰지 못하는 등 만신창이가 되어 출옥하였으며 이후 사회운동과 대중 교육운동을 계속하다가 고문 후유증으로 1944년 3월 3일에 사망하였다.

었고 이것이 또한 직접 누이의 동생인 내게 있어서 큰 자랑이기도 하지만 그 반면에 그만큼 인생으로서 불운한 생활을 하는 누이를 생각할 때 무엇이라 말할 수 없이 가슴이 쓰리지 않을 수 없구나!

사랑하는 아우야! 누이는 벌써 나이 50 — 철이도 지금쯤 환경이 좋다면 늠름한 대장부로 자랐을 것이고 옳은 교육을 받았다면 자기 아버지나 할아버지의 투지를 계승하였으리라! 그러나 혹시나? 잘못되어 불운한 숙명을 짊어진 누이인지라 늘그막에 남의 집 식모로 변하지나 않았느냐? 그래서 돈 있는 주인 아낙네란 작자에게 온갖 설움을 다 받고 있지나 않느냐? 철이는 혹 구두 닦는 소년으로 변하지나 않았느냐? 미국인들의 구두를 닦다가 잘못하여 발길에 채여 병신이나 되지 않았느냐? 네가 있는 한 별일이 없을 줄 알면서도 행여나 해서 생기는 이 마음은 쓸데없는 노파심인가 자꾸만 일어나는구나! 어떻게들 지내는지 알고도 싶구나! 만나보고도 싶구나! 피와 피가 섞여 있는 우리들 사이의 이 피를 강제로 격리시켜서 끊으려는 자 그 누구인지는 모르거니와 어찌 이 자를 증오하지 않으리……. 남편을 잃고 아들과 함께 험한 바다의 외로운 배처럼 고생하는 누이에게 동생 된 노릇을 못한다. 마치 내가 네게 형 노릇을 못하는 것과 같이…….

물질적 고통 — 이것은 아무리 사람을 괴롭히더라도 비록 이마에는 주름살이 지게하며 얼굴에 수없는 선을 그어 놓을 것이나 마음에 주름살이 심히 잡히게는 못할 것이다. 그러나 심적 고통은 얼굴에는 주름살이 좀 덜 지더라도 마음에는 찾을 수 없는 무수한 주름살을 지게하며 심지어 메울 수 없는 구멍마저 뚫어 놓으니 이것이 어찌 사람에 대한 가장 심한 타격이 아니겠느냐?

사랑하는 아우 시영아! 네 나이 이제 몇이더라? 1927년 1월 16일이 생일인 너는 이제 31세의 건장한 청년이 되었겠구나. 내가 이 사할린이란 땅으로 그 소위 산업보국대원産業輔國隊員이란 명목으로 떠나올 때 너는 16세의 소년이었다. 내가 하는 작별 인사에 아버지는 긴 한숨과 함께 대답이 없으셨고 마을 앞 연자방앗간까지 따라 나온 어머니는 목이 메어 말도 못하셨으며 철없던 너는 나를 몰아서 가게 하는 그 힘을 원망하기 보다는 어디로 피하지 않고 떠나게 된 나를 더 원망하는 눈치였고 또 우리들의 이별을 눈물로 표현하였으나, 나는 삐뚤어진 운명의 길을 내게 들여댄 힘에 대하여 어디까지라도 싸워보리라는 결심과 함께 한 방울의 눈물도 흘리지 않았으며, 입을 딱 다문 채 당연히 가야할 길을 떠나야 하는 것처럼 굳센 발걸음으로 떠나왔던 것이다.

그 후 15년 - 사할린의 흙을 이리저리 밟은 내 발자국이 일직선으로 목적을 향한 코스를 걷지 못한 것만은 사실이나 그렇다고 하여 지금껏 자신이 조선 사람으로서의 길을 벗어나지 않은 것만은 누구에게나 맹서할 수 있단다. 헐벗고 못 먹고 건강의 장해로 경제적 토대를 상실한 나는 〈이利〉의 세상에서는 확실히 신용 없는 사람이 된 것만은 사실이나 정신의 세계에서는 누구에게도 부끄러움을 느끼지 않는 사람이란다.

사랑하는 아우야! 시영아!

종하는? 종하 - 하고 불러보는 내 마음은 확실히 남의 물건을 도둑질하다 들킨 사람 - 하나밖에 없는 양심을 팔아먹으려다 들킨 사람 같은 그런 말할 수 없는 부끄러움의 느낌을 어쩌지 못하겠구나!

생후 6개월 만에 어미를 이별하고 다섯 살에 애비와 작별한 종하에게 있어서는 가장 가까운 육친은 삼촌인 너 이외에는 없을 것이다.

1938년 9월 17일 종하의 탄생 전보를 받은 것은 내가 청진에 있을 때의 일이다. 그러나 실제 고백하건데 당시 21세의 청년이던 나는 내게 아들이 생겼다는 것을 조금도 즐겁게 생각하지 않았으며 오히려 어색스럽게 여겼고, 거기다가 내가 14살, 종하 모母가 18살, 이렇게 봉건식 결혼을 한 나는 종하 어미와의 불화로 종하의 탄생을 장차 우리들의 큰 장애물로까지 생각하였던 것이다. 이것이 남의 부모로서 얼마나 그릇된 생각이였던가 지금 와서 생각할 때 등골에 찬물을 붓는 것 같은 소름을 느끼며, 자기 스스로가 절도나 강도보다도 더한 인류의 삶을 좀먹는 박테리아 같은 그런 더러운 것이었다고 느낀다.

양반 가정의 의리요, 체면이요 '조강지처를 배반 못하는 법'이니 '재가법再嫁法은 망가법亡家法'이니 하는 이 봉건관습과 7년을 싸운 나머지 드디어 야생적野生的인 아버지의 성격 폭발로 종하가 난 지 6개월 만에 종하 모와 나와의 부부간이라는 이름은 종말을 지었으나 젖을 잃은 종하에게는 그것이 사활문제가 아닐 수 없었다. 종하가 생후 10개월 만에 일시 귀가한 나는 어머니 등에서 우는 종하를 볼 때에 자기 자식이라는 감정에서가 아니라 한 인간으로서 어미와 젖을 잃은 한 어린 아이를 대하는 감정만으로서 정말 가슴이 쓰리고 아팠었다. 어머니는 그래도 귀한 손자라 며느리 없는 손자에게 있는 정성을 다하셨지만 그래도 옛날 노인이라 인공 육아법이니 위생상식은 모르시는 분이였고, 때문에 종하는 우유의 흰 빛은 몰라도 쌀가루로 끓인 암죽이 혀에 척척 묻는 것은 알았던 것이다. 영양부족으로 말미암아 기운을 잃은 종하는 운다는 것도 힘이 없어 다른 아이들처럼 악착스럽게 울지도 못하였고 몸뚱이는 마치 개구리처럼 배만 큰 것이 팔다리는 나무꼬지 같이 말라 들어간 것이었다.

그때의 우리 집에서는 그 완강한 성질의 아버지도 사랑하는 손자로 말미암아 성품이 달라져서 어머니의 간곡한 하소연에 며느리를 다시 데려오기로 결정되었으나 아이를 떠난 후 넉 달이나 되었으니 이미 유방이 말라붙었으리라는 그릇된 나의 생리상식과 턱없는 자존심으로 말미암아 싸움만 일어나고 드디어 재판 소동까지 났을 뿐 종하는 어미를 영영 잊어버렸고 부드러운 어미의 젖가슴이 어떻게 생겼는지도 모르게 된 것은 너도 아는 사실이다.

그러나 손자를 사랑하는 어머니의 정성이 지극하였던가 종하 자체의 생명의 줄기가 굳세었던가 종하는 죽지 않고 자라났으며 3, 4세 때에는 몸도 튼튼하여 잔병을 모르는 아이가 되고 말았다.

내가 사할린으로 떠나올 때에 얼굴이 시커멓고 머리가 유달리도 크며 아래턱이 약간 삐뚤어진 것 같은 종하는 나를 아버지라고 부르지도 않았으며, 우리 어머니가 '네 애비에게 가보라'고 하면 비슬비슬 뒷걸음질만 하다가 달아나 버리는 것이었다. 그도 그럴 것이 내내 서울만 가 있고 집에는 사할린에 가기 위해 임시로만 와 있던 나는 종하를 제 자식이라고 한 번도 안아는커녕 다정스레 불러 보지도 못하였으니 종하에게 있어서는 나의 존재가 확실히 이방인보다도 낯선 사람이었으리라!

사랑하는 아우야! 시영아!

그 후 15년 - 애비야 있건 없건 이 세상에 나올 때부터 부모의 애정을 모르고 자라난 숙명을 짊어진 종하였지만 종하 자체가 타고난 생명은 굳센 것이어서 순조롭게 자라며 학교 3학년에 다니며 성적도 우등생이란 것은 48년도에 온 네 편지에서 알았으니 즐겁기가 말할 수 없는 몸이었으나 종하가 〈아버님 전 상서前上書〉하고 붉은 줄을 친 인찰지에다가 네모 반듯반듯한 글자를 꼭꼭 박아 쓴 두 장의 편지는 내 자신의 가슴을 쥐어뜯는 것 같은 감정에 사로잡히게 하였던 것이다.

사랑하는 아우야!

종하에게서 어머니란 것을 빼앗아 동댕이쳐 버린 것도 내다. 종하에게서 아버지의 애정이 무엇인지 모르게 한 것도 내다. 종하에게 비록 조부모와 삼촌이 있다고는 하여도 부모 없는 고아란 이름을 주게 된 것도 나 이외에 딴 사람이 아니다.

선이 가늘고 빈틈이 없으며, 솜이불처럼 부드러운 어머니의 사랑, 비록 선은 굵어도 무게와 깊이가 있다고 볼 수 있는 아버지의 사랑, 이런 사랑은 어린이에게 꼭 있어야 하는 것이며, 이러한 사랑이 어린이가 올라가는 단계의 손잡이가 되어 넘어지지 않도록 해주어야 하는 것이다. 그런데도 불구하고 나는 종하에게서 이 모든 것을 빼앗아버리고 말았다. 이러한 나는 종하에게 있어서 아비로서의 자격이나 가치가 있고 없고를 논할 것이 아니라 인간의 도를 상실한 용서 못할 사람으로서 논하여야 할 것이다. 그런데도 불구하고 부자간에 얽힌 피의 줄기는 무엇으로도 끊을 수 없는 고귀한 것인가 꿈으로나 그려보며 가슴 아픈 회오의 감정 속에 잠겨있는 나를 종하는 한없이 그리워도 하며 〈아버지!〉하고 편지에다 불렀다. 이 어찌 눈물 날 일이 아니겠느냐?

애비에게서 옷은 그만두고 과자 한 개나 종이 한 장 사주는 것을 받아 본 일이 없는 종하였다. 어미에게서 박음질한 깨끗한 옷은 그만두고 따뜻한 음식 한 번 얻어먹어 본 일 없는 종하였다. 다른 아이들이 아버지에게 손을 이끌리어 거리를 다니는 것을 볼 때나 아버지가 사 주더라며 노리갯감이나 과자 같은 것을 가지고 자랑할 때에 용서 못할 이 애비이나 얼마나 그리웠겠니? 학부형 회의나 학교에서 무슨 경축할 일이 있을 때 모든 아버지들이 앉은 자리에 우리 아버지도 저기에 앉았으면 하고 애비이면서도 애비 아닌 나를 얼마나 그리워했겠느냐?

사랑하는 아우야! 시영아! 나는 이렇게 종하에게 있어서 애비 노릇을 못한 사람이다. 아니 애비 노릇을 못한 게 아니라 애비가 아닐 것이다. 평범한 보통 사이라면 모르거니와 사랑하는 사이에서 사랑이 돌아서면 원수가 되는 법이니 애비로서 애비 노릇을 못한 나는 애비가 아닐 것이요 나아가 애비가 아닌 나는 남보다도 못한 다시 말하자면 종하의 어린 요람의 소년시대를 망쳐놓은 원수일지도 모른다. 그러나 종하는 나를 〈아버지!〉 하고 편지에다 불렀고 나 역시 깊은 회오 속에서 무척도 그립고 한없이도 보고자 한단다. 그러나 우리들은 만날 수가 없구나!

　지금 종하를 만난댔자 내가 무엇이라고 하겠느냐? 종하를 보고서 〈사랑하는 아들아!〉 하고 부를 자격이 없는 나는 그 애가 〈아버지!〉 하고 부르더라도 선뜻 대답할 수 없는 사정에 있는 것이다. 만약에 종하로부터 〈아버지는 어머니에게 무슨 잘못이 있어서 어머니를 버렸습니까?〉 그래도 할 말이 없다. 처음부터 그릇된 결혼을 하였을 뿐 종하의 어머니에게 무슨 공자가 말씀하신 것 같은 칠거지악七去之惡이 있었던 것이 아니다. 〈아버지는 아버지 노릇을 한 것이 무엇이 있습니까?〉 한다고 해도 물론 입을 다물고 아무 말도 하지 못한다. 〈아버지는 아버지 노릇을 하지 않았으니까 저는 아버지의 자식이 아닙니다.〉라고 하며 내 앞에서 사라져 버린다 해도 나는 그 아이를 붙잡을 자격도 없는 사람이다. 다만 내게 기어이 무슨 말을 하라고 한다면 〈부자간 천륜의 정에 어떻게 원수지겠느냐? 모든 이 애비의 잘못을 용서하여라.〉라고 할 수밖에 없다.

　사랑하는 아우야! 시영아! 이러한 부자간이기에 더 한층 만나보고 싶구나. 그래서 애비로서의 과거 잘못을 지금이라도 깨끗이 행동으로써 고치기 위해서라도 만나보고 싶구나! 아-니 이런 저런 이론보다도 무턱대고 만나고 싶구나!

사랑하는 아우야! 방정맞은 생각인지는 모른다. 그러나 종하도 혹시 다른 아이들처럼 구두닦이 소년으로 변하지 않았느냐? 미국인들이 버리는 과자 부스러기를 줍다가 잘못되어 총에 맞지나 않았느냐? 종하도 이제 나이 20세가 가까우니 애비 없는 몸이라 학교도 계속하지 못하고 룸펜과 부랑자의 소굴로 흘러 다니지나 않느냐?

피를 끊는다는 것은 칼로 물 베기와 같이 도저히 불가능한 일이다. 천륜이 천륜을 찾고 피가 피를 찾는 이 부자간의 피의 얽힘을 어떤 자가 감히 끊으려고 시도하는가? 끊지 못할 피를 끊으려는 자, 동족상쟁이라는 용서 못할 이 연극을 지도하는 자, 반드시 인민들에게서 정의의 심판을 받고 말 것이며, 피는 피끼리 반드시 어울려 지고야 말 것이다.

사랑하는 동생 시영아!

너는 그래 지금 대체 뭘 하고 있느냐? 너와 나의 지난날의 이야기들은 너도 지나칠 만큼 아는 일이고, 나도 명백히 현실처럼 똑똑히 아는 것이니 이야기 하지도 말자! 형을 잘못 만난 탓으로 스무 살도 되기 전부터 부모를 받든 너 - 고생은 얼마나 하였으며 또 하고 있느냐? 생각하면 애처롭기도 하고 불쌍한 생각을 금할 길이 없구나! 내가 서대문 형무소에 간 까닭에 중학교도 못가고, 거기다가 더구나 천진난만해야 할 소년시절부터 부모를 모시고 생활에 시달린 몸, 때때로 곤란스러운 환경을 당할 때마다 얼마나 이 형을 원망했겠느냐? 지금까지 해방 후 십여 년이 되도록 양분된 채 합할 날을 기약 못하는 고향이요 조국, 이 잘난 조국으로 말미암아 서대문 형무소요 사상범 교화소요 징용이요 하는 까닭에 남의 자식 노릇도, 형 노릇도, 동생 노릇도, 애비 노릇도 못하는 일을 생각할 때 속이 상하고 화가 막 치밀어 오르는구나!

사랑하는 아우야! 그래 지금 뭘 하고 있느냐? 사무원 노릇을 하느냐? 농사꾼이냐? 행여나 잘못하여 네 사촌 형이 가 있는 북쪽 하늘을 노려보며 총가목[146]을 손질하는 국방군이 되지나 않았느냐? 그렇지 않다면 빨치산 운동을 하다가 붙잡혀 감옥에서 고생하지나 않느냐?

그립구나! 시영아, 보고 싶구나 동생아! 시시때때로 불현듯 네가 그리울 때에는 가슴이 막 막혀 숨이 답답한 게 심장이 터질 것만 같구나! 이럴 때마다 옛날 같으면 배화 고녀培花 高女에서 교원 노릇을 하던 임화[147]처럼 밤하늘에 흩어지는 오색 불꽃에다 내 자신의 운명을 배우려고 하였을는지도 모른다. 그러나 지금의 나는 그렇지가 않단다. 어떻게 하더라도 자기감정을 자제할 줄 알며 굳센 의지의 힘을 빌려 다시 한 번

---

146) 가목(架木)은 군사용어로 총가목과 같은 말이다. 총의 여러 부분을 이어 주는, 나무로 된 부분을 일컫는다.

147) 임화(林和, 1908-1953): 본명은 인식(仁植). 필명은 성아(星兒). 서울 태생으로 1925년 보성중학교를 중퇴하였다. 1926년 '성아'라는 필명으로 문단에 등단했고, 프롤레타리아 문학 단체인 조선 프롤레타리아 예술 동맹(KAPF)에 가입하였으며 1927년 임화라는 필명을 쓰기 시작했다. 1929년에 영화배우로 활동하다가 약 2년간 동경에서 유학하였다. 귀국한 후인 1931년경부터 카프의 주도권을 장악했으며, 1932년부터 카프가 해산되는 1935년까지 카프의 서기장직을 맡았다. 해방 이후에는 조선문학건설본부 서기장을 맡았으며 1947년 월북하였으나 1953년 8월에 '미제의 고정 간첩' 혐의로 처형되었다.

목적을 관철시키는 방향을 찾아보곤 한단다.

사랑하는 아우야! 〈동족상쟁〉이라는 이 괴상한 용서 못할 연극의 연출가들은 민족 말살이라는 클라이맥스를 가장 효과적으로 나타내기 위하여 가진 수단을 다하고 있는 줄을 나는 안다. 그러기에 귀로 듣는 것이나 눈으로 보는 것이 이 수단 속에서 색칠되었고 국한된 곳에서 더욱이 민족 고유의 문화나 전통은 미국식으로 개조되는 현상만 보는 너는 할 수 없으나마 소련에 오래있게 된 나를 빨갱이가 다 되었다고 할는지도 모른다. 그러나 소련에 지금 있는 내가 이들의 장점만을 많이 끌어당겨 내 것으로 만든 것만은 사실이나 그러나 단점까지도 나는 내 소유를 만든 것은 아니니, 나는 빨갱이도 되지 못했을 뿐 아니라 노랭이도 물론 아니다. 십수 년을 소련 땅에 살면서 '볼셰비키 공산당 역사'나 '레닌주의의 여러 문제'도 읽어 보았지마는 노어를 잘 모르는 나는 당에 대한 문건들을 깊이 연구해 볼 수도 없었으며, 더욱이 남들은 소련 공민권을 낸 사람들도 있는데 이것마저 내지 않고 있는 나는 확실히 소련 사람들의 눈으로 본다면 자기네와 아직 동화되지 못한 이단자일지도 모른다.

그러나 사랑하는 동생아! 나는 지금 안다. 한때는 무턱대고 민족독립단체에 가담하여 형무소 맛까지 보면서도 독립만 하면 다 되는 줄로만 알았으나 지금은 독립까지 보다 독립 이후의 문제가 얼마나 더 크다는 것을 나는 잘 안다. 다만 내가 바라는 것은 조선은 조선 사람의 조선이 되여야 할 것이며 착취도 없고 압박도 없고, 사람과 사람 사이에 수백 종의 계급과 위아래를 만드는 선을 억지로 그어놓지 말아야 하는 그런 조선이 되여야 한다는 것이다. 인간의 우열은 어쩔 수 없는 일이지만 〈생生〉에 대한 권리에까지 등급을 설정하지는 말아야 한다는 것이다.

20세기 발달된 지금에까지 지주地主가 있다는 것은 삼척동자도 웃을 일이 아니냐? 그러므로 펜은 사무원에게, 수판은 회계원에게, 원고지는 작가들에게, 망치는 노동자들에게 가는 것과 같이 땅은 농부에게 가야 한다는 것이란 말이다.

뿐만 아니라 옛날부터 미국인들의 습성을 아는 나는 그들이 조선 땅을 짓밟고 다니는 것이 한없이 통분한 일이며, 그들의 그 안하무인식인 그 행동은 자유 독립을 원했고 또 선언한 조선 사람에게 있어서 참을 수 없는 모욕이 아니고 무엇이겠느냐? 치외법권의 존재가 이미 독립의 권리를 상실했음을 의미하는 것이다.

그러므로 조선 사람의 문제는 조선 사람들끼리 해결해야 된다는 것은 움직일 수 없는 진리인 것이다. 이것은 한 사람의 조선 사람으로서 조선을 사랑하여 하는 말이지 결코 빨갱이나 노랭이가 되어서 하는 말이 절대로 아니다.

사랑하는 아우야! 시영아! 보고 싶구나, 만나고 싶구나! 아버지가, 어머니가, 누이가, 네가, 그리고 종하가, 철이가 −

이들은 직접 내 육체의 한 부분이다. 중요한 어느 한 부분인 것이다.

이 중요하고도 중요한 부분들을 잃은 내 육체에 진정하고 빛나는 삶이 어찌 있을 수 있겠느냐?

이제까지 쓴 이 문제들은 누구든지 볼 때에 내 일신상의 사정이라고 할 것이나 그러나 이것은 내 일신상의 사정인 동시에 또한 사할린에 거주하는 전 조선 사람들의 사정인 것이다 이 산중반월기山中半月記의 2일이나 13일에 쓴 바와 같이 현재 사할린에 머물러 있는 모든 조선인들의 사정이 이렇다. 이것은 나 하나의 목소리인 동시에 사할린에 있는 3만 명 조선인의 목소리인 것이다.

사랑하는 아우야! 시영아! 이 소리 네 형의 간곡한 이소리가 네 귀에 들리지 않느냐? 3만 명의 재 사할린 동포의 목멘 이 소리가 네 귀에는 들리지 않느냐? 3만 명 조선 사람들의 이 문제를 어떻게 해야 할 것이냐? 이들이 이러한 환경 속에서 자멸의 길로 들어가는 것이 어찌 한심한 일이 아니겠느냐?

고향아! 한오리의 신작로여! 당나귀와 함께 도는 연자방아며 여름의 우리들의 안식처인 느티나무여! 우리들에게 늙으신 부모님을 돌아가시기 전에 받들게 하여 다고나! 15년 이상이나 갈려서 살던 아내를 등이 꼬부라지기 전에 좀 만나게 하여 다고나! 소작농에 시달리는 형을 좀 도와주게 하여 다고나! 학교 문 앞에서 통곡하는 아우를 공부시키게 하여 다고나! 그리고, 그리고 우리들의 자식이 거지가 되게 하지 말도록 하여 다고나! 우리들의 귀여운 누의동생이나 딸자식들이 미국인에게 능욕당하는 것을 내 손으로 막도록 하여 다고나! 그리고 40이 가까운 노총각을 제발 장가가게 하여 다고나! 우리들의 아들들이 미국인들의 총부리에 넘어질 때 그 원수를 값게끔 하여 다고나!

고향이여! 한오리의 신작로여! 그 커-다란 느티나무여! 이런 힘이 내게는 그래 없단 말이냐?

부모에게 〈사랑하는 아들아!〉 하고 불리게 할 수가 없으며, 아들딸들로부터 〈아버지!〉 하고 불리게 할 힘이 내게는 없단 말이냐? 형에게서 〈아우야!〉 라고 불리고 누이동생에게서 〈오빠!〉 하고 불리게 할 힘이 네게는 그렇게도 없단 말이냐 그래? 부모나 형제자매 처자는 직접 우리들의 육체의 일부분이다. 이 육체의 부분들을 뜯긴 지 무릇 15년 - 이렇게 정신의 불구자가 된 우리들은 이렇게 한 평생을 불구자로 있다가 낯선 이역, 이 사할린의 땅에서 한줌 흙으로 변해야 한단 말이냐?

우리들도 사람이다. 아무리 옛날에는 약소민족이었었고 여러 놈들에게 짓밟혀 역사의 페이지는 무수한 발자국과 오점들로 얼룩이 졌다고 하여도 우리들도 개나 돼지가 아니고 사람이란다. 그러기에 〈아버지! 어머니!〉 하고 한 번 불러보자! 〈형님! 누님! 동생!〉 하고 한번 불러보자! 〈아들아! 딸아! 귀여운 내 자식들아!〉 하고 불러보자! 종이 위에다 펜으로만 불러 볼 것이 아니라, 지나가는 바람결에 공간을 향하여 불러볼 것이 아니라, 직접 만나서 얼싸안고 한번 불러보자! 우리들의 인간으로서의 이 권리를 어느 놈이 빼앗으려고 하느냐? 안될 것이다. 죽으면 모르거니와 살아있는 동안은 안 될 것이다. 기어이 어떤 일이 있더라도 기어이 만나보고 불러보고 말 것이다.

고향이여! 한오리의 신작로여! 연자방아야! 느티나무야!! 아버지! 어머니! 누님! 시영아! 종하야!! 철아!! 그리고 모-든 벗들이여! 정든 산천이여! 고향의 땅아!! 조국아!!! 정신적 빈혈증 환자가 되기는 내 죽어도 싫다. 어떤 일이 있더라도 내 살아 있어서 내 육체의 한 부분인 그대들을 꼭 찾고야 말 것이리라! 만나보고야 말 것이리라!!

춘계 류시욱 생의 발자취

1920년　5월 14일 경상북도 의성군 단밀면 속암리 223에서 풍산 류씨豊山柳氏 류열우柳烈佑의 장남으로 출생하다.

1924년　부친으로부터 천자문千字文과 동몽선습童蒙先習을 배우다.

1926년　단밀 보통학교에 입학하다.

1932년　김천사립고등보통학교 입학하다.

1935년　풍양 조씨豊壤趙氏를 부인으로 맞다.

1938년　일본제철 청진제철소에 입사하다.

1939년　장남 종하宗夏가 출생하다.

1940년　서울 경서운수현 대한통운의 전신에 입사하고, 평소에 해오던 문학 수업을 본격화하여 조선문인협회에 가입하여 필명 겸 호를 춘계春溪로 사용하다. 2년 동안 단편『고초대』, 중편『어머니와 아들』,『감나무』, 희곡『찢어진 시첩』, 시『남은 꿈』,『발자국』 등을 발표하다. 이 시기에 독립운동 활동에 가담하다.

1941년　민족사상계몽활동 혐의로 일본 경찰에 체포되어 서대문 형무소 및 사상범교화소 생활을 한 후 석방조건으로 산업 보국대에 자원하도록 강요받아 노무 동원되다.

1942년　2월에 사할린에 도착하여 탄광 노무자 생활을 강요당하다.

1945년　일제가 패망하자 귀국을 기다리며 뜻을 같이한 분들과 일본 학교를 접수하여 크라스노고르스크에서 조선인 학교를 열고 우리말 교사로 활동하다. 7년제 중학교를 열고 국어 교사로 부임하였으며, 한글 문법교과서인 『조선문전朝鮮文典』 편찬에 착수하다.

1947년　『조선문전朝鮮文典』을 편찬하고, 조선학교 부교장으로 활동하다.

1948년　교육자, 신문기자, 우리말 방송국 일꾼 등으로 다양한 활동을 벌이다.

1952년　소련이 조선인에 대한 소련국적 취득을 허가(5월)하였으나 소련 국적 취득 및 공산당 가입을 거부함으로써 교사, 신문낭독원, 예술부장 등의 직책을 박탈당하는 등 어려운 생활이 시작되다. 소비조합 재봉공장의 수직원 겸 청소부 생활을 하다.

1956년　크라스노고르스크 임산사업소에 들어가 벌목 일을 하는 산판에서 작업 중 허리를 다치다. 어려운 생활이 계속되다.

1957년　9월에 새풀치기 작업단의 취사담당자로 따라가 산문형 일기체 기록 산중반월기山中半月記를 집필하다.

1959년　사할린 브이코프에 정착하여 생활하다. 소콜, 크라스노고르스크 등을 다니며 한인의 생활에 관한 다수의 취재기, 라디오 방송 대본 등을 집필하여 한글 신문인 『조선노동자』, 우리말 방송 등에 보내 발표하다.

1960년　브이코프에서 탄광노동자 생활을 하며 여성 소비에트 예술

단을 도와 희극을 쓰는 등 창작 활동을 계속하다.

1962년　사할린 브이코프 탄광 작업반의 토목공사 현장에서 낙석 사고를 당해 운명하다.

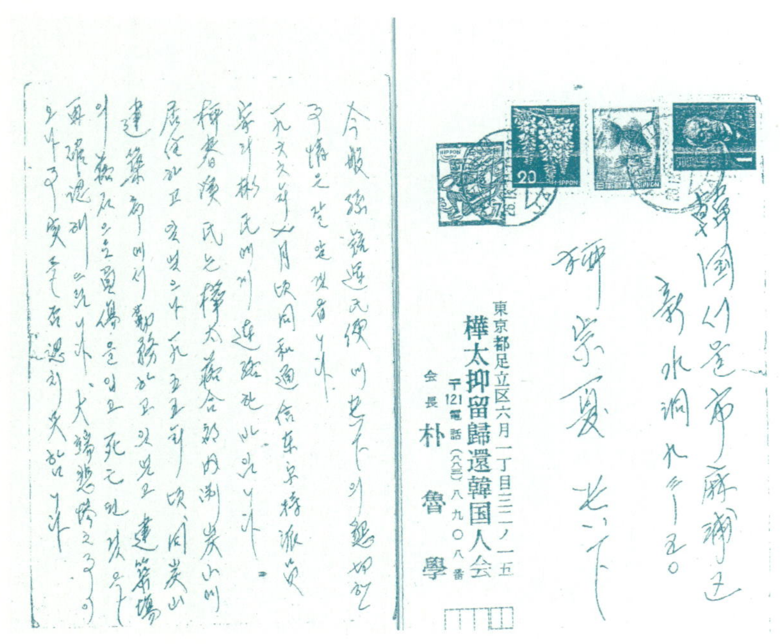

▲ 저자의 사망소식을 전하는 박노학 화태귀환한국인회 회장의 엽서